「企業文化」の監査プログラム

より良い企業文化が不正抑止環境をつくる

有限責任監査法人トーマツ
稲垣浩二〈著〉

同文舘出版

はしがき

　本書は，日本企業の不正会計の根絶を目指し日々精力的に活動されている企業ガバナンス（統治）と企業経営に携わる方々，そして高品質の財務諸表を提供する責任を有する財務報告サプライチェーンの関与者である経営者，取締役，監査役，内部監査人，外部監査人に向けて書いたものです。

昨今の資本市場の状況

　我が国において，日本経済社会をリードする立場にあったそれぞれの名立たる企業のレピュテーションが，不正会計や不適切な会計処理の隠蔽を原因として一瞬にして崩れ去り，長き歴史における誇り高きブランドに甚大なダメージを与えました。

　残念ながら，日本企業において大規模不正会計スキャンダルが再び発生しても著者は驚きません。多くの苦い経験が学びとして活かされず，何度も同じ過ちを繰り返す日本企業に対する国内外の投資家の目線は厳しく，我が国の資本市場の健全性に対して非常に懐疑的です。

　社会のルールよりも悪しき企業内慣行と企業の屁理屈を優先し，多くのステークホルダーを犠牲にしてきた日本の不正会計スキャンダルの根は深いのです。事件が起こるたびに，根本原因を分析しないまま，問題の本質に係る部分の解明を試みず，小手先の聞こえのよい施策だけが拙速に実行され，特定個人の責任が問われないまま経営課題として先送りしているのが現状です。

　同じアプローチを繰り返しても異なる結論は出ません。我が国の健全な資本市場の維持発展のためには，二度と不正会計スキャンダルを発生させてはならないという共通認識と根本原因を解消する具体的な施策が必要な

のです。

本書の内容

　著者の別著『不正会計防止プログラム』において，不正とは何か，不正が発生するメカニズム，不正会計を抑止する環境づくり，不正会計リスクのマネジメント，利益の質，コーポートガバナンスを担う者の不正会計に対する責任，不正会計を防止・発見するためのシステムと不正シナリオを内容とした，会計不正に関する包括的な実務ガイダンスを提供しました。一方，昨今の不正会計スキャンダルが絶えない状況を鑑みるに，不正会計を抑止する統制環境をさらに強化するため，有害な企業文化（toxic culture）を健全でリスク感度の高い企業文化（healthy and risk culture）に変革するための具体的なアドバイスが必要であると痛感したことが本書執筆のきっかけの1つです。

　不正会計に関する著書はたくさん発行されています。しかし，企業会計や監査の専門家や実務家には物足りなさを覚えるのではないでしょうか。なぜならば，「何をどのように変えることで状況が改善できるのか？」という疑問に対して具体的なアイデアが提供されていないからです。多くの著書は不正会計発生の現象面にとらわれすぎていて，不正発生の根本原因をとらえ切れていないので，不正会計を根本から排除するための施策について提言できないのです。

　本書は，不正会計が発生する根本原因を仮説特定し，それを除去するための施策を具体的に提言することを心がけています。不正会計が発生する原因や環境は会社ごしに様々です。一方，企業の規模や生い立ちによって不正会計の傾向が類似しますので，その類似性を統制環境や不正のトライアングルの視点でまとめることで，会計不正が発生する根本原因をいくつかのパターンに分類しました。

著者は経済学者でもなければ社会学者でもありません。また弁護士でもありません。代わりに企業の財務諸表や内部統制の監査に関わる実際の現場と経営者の行動を見てきた公認会計士としての経験と知見および公認不正検査士，公認内部監査人としての専門的能力に基づき導きだした，不正会計発生の「根本原因」と，不正会計を抑止する企業環境を整備するために必要な具体的な「改善対応」をまとめたところに本書の特徴があります。

　本書が，日本企業の不正会計の根絶に向けて，財務報告サプライチェーンの関与者である経営者，取締役，監査役，内部監査人，外部監査人の皆様の職務遂行の一助となれば幸いです。

　なお，本書の意見にわたる部分は，著者の私見であることをあらかじめ申し添えます。

　2018年4月

稲垣浩二

目次

プロローグ

不正会計を起こす要因 —————————————————— 1

企業文化の重要性 ——————————————————— 2

不正会計を抑止する不正レジスタント企業 ——————————— 3

独善的な甘えの文化 —————————————————— 4

守りのガバナンスの強化 ————————————————— 6

企業文化の監査の重要性 ————————————————— 7

視点01：取締役の監督は企業文化の評価から始める

「企業文化」を評価する
　—形式的なコンプライアンスの確認で終わらせない— ——————— 11

不正会計を抑止する
　—積極的で建設的な発言を支える取締役の資質— ———————— 12

視点 01 のまとめ ——————————————————— 14

視点02：企業文化とは何か

注目を浴びる企業文化の監査 ———————————————— 15

信頼と文化 ————————————————————— 15

目　次　v

金融機関の文化 —————————————————————— 17

企業文化 —————————————————————————— 19

企業倫理（corporate ethic）————————————————— 20

企業行動規範（code of conduct）————————————— 22

望ましい企業文化の組織醸成の方法 ————————————— 24

適切なリスク文化の評価指標 ————————————————— 27

　◎指標1：経営者の姿勢（tone from the top）　30

　◎指標2：説明責任（accountability）　32

　◎指標3：効果的なコミュニケーションとチャレンジ（異議申立）　34

　◎指標4：インセンティブ　35

　視点 02 のまとめ ————————————————————— 39

視点 03 ：「COSO 全社的リスクマネジメント・フレームワーク（戦略およびパフォーマンスとの統合）（COSO Enterprise Risk Management - Integrating with Strategy and Performance）（June, 2017）」

リスクの定義 —————————————————————————— 41

改訂ERMフレームワークの5つの構成要素と20の原則 ————— 42

望ましいカルチャーを定義づける（原則3）——————————— 43

　視点 03 のまとめ ————————————————————— 45

視点 04 ：職業的懐疑心を保持する

プロフェッションとしての心構えである職業的懐疑心 —————— 47

職業的懐疑心を強化する ——————————————————— 48

　◎職業的懐疑心は監査プロフェッションのマインドセットとして必須　48

◎職業的懐疑心はリスクレベルに応じた継続的な性質を持つ **49**

◎職業的懐疑心は経営者の主張に対してチャレンジ（異議申立）
すること **49**

◎矛盾する証拠に対しては職業的懐疑心を発揮して適切な評価を下す **50**

◎正しいスキルセットを有するプロフェッショナルが監査に関与する **51**

視点 04 のまとめ ——————————————————————— **52**

視点05：経営者の偏向（バイアス）の存在を常に疑う

偏向（バイアス）とは ——————————————————————— **53**

不正会計における経営者の偏向（バイアス）の機能の仕方 ——————— **54**

直感についての一般的仮説 ——————————————————————— **55**

バイアス（bias）とランダム誤差（random error）との違い ——————— **56**

認知バイアスとヒューリスティックス ————————————————— **58**

◎ヒューリスティックス（heuristics） **59**

◎利用可能性ヒューリスティックス（The Availability Heuristics） **59**

◎代表性ヒューリスティックス（The Representative Heuristics） **60**

◎係留性ヒューリスティックス（The Anchoring Heuristics） **60**

◎認知バイアス（Cognitive Bias） **61**

◎自信過剰バイアス（The Overconfidence Bias） **61**

◎標本抽出バイアスに対する無感覚性
（The Insensitivity to Sample Size Bias） **61**

◎相関関係の思い込みバイアス
（The Illusionary Correlation Bias） **62**

◎記憶の引き出しやすさのバイアス
（The Retrievability of Instances Bias） **63**

◎エスカレーション・バイアス（The Escalation Bias） **63**

目　次　**vii**

◎ブレーク・イーブン・バイアス
　（The Break Even Bias / The Seeking Pride Bias）　**64**

◎スネーク・バイト・バイアス（The Snake Bite Bias）　**64**

◎後悔恐怖症バイアス（The Fear of Regret Bias）　**64**

◎確証バイアス（The Confirmation Bias）　**65**

その他の環境に関連するバイアス ──────────────── **65**

◎グループ意思決定　**66**

◎非開放的コミュニケーション環境　**66**

◎時間的プレッシャー，厳しい期限，限定的な活動予算　**66**

視点 05 のまとめ ──────────────────────── **67**

視点06：判断の合理性を評価する

取締役の判断業務 ────────────────────── **69**

会計判断の合理性を評価する際に考慮すべき事項 ──────── **72**

視点 06 のまとめ ──────────────────────── **73**

視点07：不正のトライアングルを理解する

不正と誤謬 ───────────────────────── **75**

不正のトライアングル ─────────────────────── **76**

◎要素 1：プレッシャー，動機　**77**

◎要素 2．機会　**80**

◎要素 3：正当化　**83**

視点 07 のまとめ ──────────────────────── **86**

視点08：不正の「動機・プレッシャー」となる誘因を無くす

過度に高い目標設定は百害あって一利なし ——————————— 87

相談役や顧問による院政は無用にして有害である ——————— 89

アプレーザルレポートは案件責任者のプレッシャーが及ばない環境下で 92

減点主義の人事考課や叱責が隠蔽する企業文化を醸成する ——— 93

　　◎内部通報制度　94

　　◎企業内コミュニケーションの複雑性　94

視点 08 のまとめ ————————————————————— 96

視点09：不正を秘密裏に行う「機会」を無くす

不正発生ゼロを目指すことは非効率で無駄という思い込みを改める ——— 97

上司から受けた恩はノブレス・オブリージュ ————————————— 99

社外メンバーに懐疑心と会計リテラシーは必須 ——————————— 101

不正リスク対応は最小限でよいという考えを改める —————————— 104

経営トップからメッセージを発信するだけでは組織文化は醸成されない — 106

不正対応を目的に含めない内部監査は有益ではない —————————— 108

経営者の主張を受け入れない外部監査人は
　　交代させるべきという考えは捨てるべき —————————————— 110

外部監査人とのインフォーマルなコミュニケーションの機会を制限しない — 111

外部監査人の監査役等とのダイレクトコミュニケーションを制限しない — 112

視点 09 のまとめ —————————————————————————— 114

視点 10：罪の意識を軽減し不正実行を促す「正当化」を無くす

重要性を濫用した不適当な会計処理の未修正は看過しない ——— 115

経営判断が財務諸表の作成ルールを無効化することはない ——— 117

内部統制の整備・運用の必要性を経営判断により軽視することはできない — 118

取締役は担当外の案件にも口出しすべき ——— 119

日本文化に根付いた経営は問題の先送りを繰り返すことになる ——— 120

不正を犯しても敗者復活戦を許容する企業文化は改める ——— 121

社外取締役の経営責任を問わないガバナンスは機能不全 ——— 122

ルールを絶対的な権威と認めない企業文化は改める ——— 123

嘘も方便という文化は企業においては不必要 ——— 124

原理原則に基づく議論が企業体全体の和を乱すという考えは改める ——— 125

問題追及を猶予する甘えの文化は企業には不必要 ——— 127

視点 10 のまとめ ——— 128

視点 11：汚職指数の高い国の不正リスクを侮らない

グローバル企業が直面する現地の不正リスク ——— 129

ラテンアメリカ文化圏における汚職発生環境 ——— 132

視点 11 のまとめ ——— 133

視点 12：人間行動学から不正行為を理解する

限定合理的な存在である人間 ——— 135

（行動1）人は違法となる選択肢を選ぶことがある ——— 135

（行動2）人は違反行為であっても選択的に遵守する(テイラーの研究) —— 137

（行動3）人は自らの価値観に従った行動を放棄することがある
（バイスタンダー・エフェクト） —— 138

（行動4）人は権威の命令に弱い(ミルグラムの実験) —— 139

（行動5）人は心理的プレッシャーに敏感 —— 141

視点 12 のまとめ —— 142

視点13：「不正リスク管理ガイド（ACFE-COSO Fraud Risk Management Guide（Sep. 2016））」

COSOフレームワークにおける不正対応の位置づけ —— 143

不正リスク管理の要素と原則(Summary of Fraud Risk Management
Components and Principles)と着眼点 —— 146

◎統制環境 146

◎リスク評価 146

◎統制活動 147

◎情報と伝達 147

◎モニタリング活動 147

米国司法省による個人責任追及の強化 —— 148

日本取引所自主規制法人による
「上場会社における不祥事対応のプリンシプル」 —— 150

視点 13 のまとめ —— 152

視点14：フォーレンジック（不正捜査）監査技法

フォーレンジック（不正捜査）監査技法の導入の経緯 —— 153

非定型仕訳の検証対象の選定と判断 ———————————— 156

費用対効果を考慮したリスクベースアプローチ ———————— 157

◎指標1:無関係な科目・通常と異なる科目・滅多に使用されない科目を使用した仕訳　158

◎指標2:過去に仕訳を作成していない個人による仕訳　159

◎指標3:最終会計期もしくは締め日後に記録された仕訳のうち,説明や摘要のない,もしくは少ない仕訳　159

◎指標4:財務諸表作成中もしくは作成以前に作成された会計科目コードを持たない仕訳　160

◎指標5:概数か一貫した数字で終わる金額を含む仕訳　160

ベンフォードの法則 ————————————————————— 160

経営者の誠実性について中立の立場を堅持するだけでは不十分 ——— 163

分析的手続重視の偏重には注意が必要 ——————————— 165

不正レッドフラッグ(危険信号) —————————————— 167

視点 14 のまとめ ———————————————————— 173

視点 15 :企業文化をいかに監査するか

企業文化の監査の性質 ——————————————————— 175

企業文化の監査の着眼点 —————————————————— 176

経営者による企業文化の発信の手段と頻度 ————————— 179

組織構成員による企業文化の解釈と人事評価制度 ——————— 180

組織構成員への浸透度合いと日々の行動様式への反映 ————— 181

視点 15 のまとめ ———————————————————— 182

参考文献　183

プロローグ

不正会計を起こす要因

　企業存続の目的は株価に代表される株主価値の最大化であると主張する考えがあります。著者はそれは企業の役割を過小評価していると考えます。企業は，株主だけではなく，顧客や取引先，従業員，さらには地域社会も含む広義のステークホルダーを活動目的の視野に入れるべきです。著者は，企業が持続的に存続・成長する目的は社会に役立つ活動を行うことであり，例えば，現代アメリカの政治哲学者マイケル・サンデル氏（Sandel, M., 1953～，現在ハーバード大学教授）が唱える公共善の追求にあると考えます。

　不正会計発生の原因として，短期思考の株主価値最大化への傾倒が企業の無責任性を助長し不道徳な企業行動へ走らせているという指摘があります。確かに，不正会計が発生しやすくなる原因の1つとして短期業績重視の経営思考における短期的誘惑とプレッシャーが挙げられると考えます。しかし，公益善を目的におく企業や責任ある企業経営と持続的繁栄を意識した長期的視点の経営を志向する企業においても，残念ながら，不正会計は発生しています。著者がここで強調したいのは不正会計を誘発する企業文化の存在です。

　企業の存在意義や目的をどのように設定しても，またいくら立派な企業倫理や企業行動を規範として明文化したとしても，各人が帰属する企業に

とって何が「善い行い」であるかを具体的に示す経営者自らの自制行動 (behavior) が不正会計を厭わない姿勢であっては，社会的に正しい行いを組織構成員に期待できるわけもありません。特定の企業コミュニティにおける善い行いが一般社会において普遍的に正しい行いとは限らないからです。こうした経営者の行動や判断はそれぞれの企業の伝統や文化にとらわれ大きく影響を受けていることを意識して企業ガバナンスの諸施策を進めることが大切なのです。

いかに誠実で志の高い潔白な経営者であっても企業文化の影響を完全に排除することはできません。この根の深い問題を理解したうえで対応策を講じなければ，一時しのぎの小手先の対応で問題を先送りしているだけでは，不正会計の根絶は夢のまた夢なのです。

企業文化の重要性

ビジネス界に，最も影響力を持つ思想家として知られるドラッカー氏 (Drucker, P.F.) の言葉「企業文化が戦略を朝食として平らげる (Culture eats strategy for breakfast)」が真実であることは，何度も何度も証明されてきました。明確な企業理念と伝統と実績があり最も敬意に値する大企業のいくつかにおいて，企業文化が経営基盤を揺るがし，存続の危機に陥らせる不祥事を私たちは目の当たりにしてきました。正に，悪しき企業文化が不正を抑止する統制環境を朝食として食い潰すのです。

企業は今，かつてないほど企業文化の評価に注意を払っています。誰かに強制されるからではなく，持続的成長・存続の足かせとなる不祥事や不正を未然に防ぐためには，健全な企業文化の醸成が不可欠であることを実感し始めているからです。整備された内部統制やルールの形式的なコンプ

ライアンスの確認だけではなく，実質的に行動規範の趣旨や精神を尊重する企業文化の存在と醸成に重点を置くべきことが改めて認識されています。

不正会計を抑止する不正レジスタント企業

弱くてもろく，攻撃されやすく危険に晒されている状態のことを「脆弱性（vulnerability）」といいます。想像をはるかに超える甚大な悪影響を資本市場に与える不正会計スキャンダルが発生する日本の企業文化と企業経営は，正に脆弱という言葉がぴったりです。

今，日本企業に求められる不正に対する経営姿勢とは脆弱性の反対語にあたる「強靭性・レジリエンス（resilience）」をもって対応することでしょう。レジリエンスは回復力や復元力として利用されますが，それだけではなく，折れずにしなやかに対応する能力，被害を防ぐ能力，被害を和らげる能力，適応する能力という意味も有します。不正レジリエンスの高い企業においては，適切なリスクマネジメントによって不正会計の発生を回避し，不正会計の兆候を事前に察知する能力を身につけることで企業の脆弱性を補完し，また不正会計の悪影響をできるだけ限定することで通常のビジネスに早く復帰することができます。素晴らしい帰結です。

しかし，高度広範囲のリスクマネジメントや内部統制の管理手法を導入し，仮に不正リスクを識別できたとしても，疑問を呈し解決のためのアクションを起こすことができない背景が問題として残っています。ガバナンスや内部統制の外観だけを取り繕っても，魂が腐ったままだと全く機能しないことを認識すべきです。日本の資本市場において，後がないこの危機的な段階にいたっては，猛省のうえでレベルの高い企業文化を醸成することを覚悟しなければ異なる結論は出てきません。従い，日本企業に今求め

られる組織力（capability）には，柔軟で適応力の高い不正レジリエンスよりも前に，一切の不正を許容しない「ゼロ・トレランス（zero tolerance）」を目指し不正誘引に負けず抵抗しつづける「不正レジスタント（resistant）」が必要なのです。

　著者の提言の目的は，不退転の決意で企業文化を醸成し，不正を抑止する方針とプロセスを企業の組織力として備え，一切の不正を許容しないゼロ・トレランス，不正撲滅を目指す不正レジスタント企業の構築に資することです。

　不正レジスタント企業は，①日本の企業文化の脆弱性と②そこに内在する偏向（バイアス）に対して，レベルの高いガバナンスと統制環境を保持しています。また，③強力で組織末端まで行き届くカスケードを伴うトーンアットザトップ，④広範かつ有効なオープンコミュニケーション，そして⑤懐疑心，をキードライバーとして備えています。これら5つの要素の本質をしっかりと理解しないと，すべての不正対応の施策は小手先の対応となり不正会計を根絶することはかないません。

独善的な甘えの文化

　内部統制監査の導入，コーポレートガバナンス・コードの導入など様々な施策が不正会計の問題を解決しきれないのは，問題の核心に対する対応が十分ではないからだと，著者は考えます。問題の核心は，企業の独善的な甘えの文化に対処できていない点です。特定の企業コミュニティの内部においては通用しますが一般社会には通用しない身勝手で独善的な善い行いにより企業を私物化している経営者が，資本市場という社会システムにまで悪影響を与える不正会計を犯すのです。

転職市場が成熟していない日本においては，企業は個人に対して社会的アイデンティティを提供する運命共同体的なコミュニティであるため，企業の利害を何よりも優先し法令やルールを絶対視せず都合のいいように解釈して社会全体の利害をも無視する危険性や，「私」である個人の利害を不当に犠牲にする傾向が存在しても，企業構成員はそれに異議を唱えることはなく，無条件にその企業倫理と行動規範を受け入れてしまう傾向が存在します。

　また，企業の行動規範には，社会的に正しいとされる絶対的なルール準拠ではなく企業が信じる常識による慣習をよりどころとした一定の解釈が介在する傾向もあります。すなわち，横並びや権威を常に意識し，常識的慣習と考えるところから逸脱していなければたとえルール違反であっても，表に露見しなければ違反を看過してしまう隠蔽体質（恥の文化）を醸成する企業文化があります。特にコミュニティとして規模が大きく歴史と伝統のある大企業において，そうした隠蔽体質の慣習が悪しき文化規範として根づいてしまっている場合が多いと推察します。このように社会的ルール違反も身勝手な企業内情状を勘案して大目にみてほしいという暗黙の甘えの文化が隠蔽体質を正当化しているのです。

　著者は30年以上，外部監査人として財務諸表監査に携わり，不正会計という視点で日本の経営者の行動様式，態度，習性を見てきました。不正を抑止する統制環境という視点において日本企業は企業文化において致命的な脆弱性を有していると海外企業や海外投資家は見ています。海外グローバル企業経営における知見と経験が豊富な経営のプロと呼ばれる経営者であっても，この特異で脆弱な "日本流" 企業文化に対しては，大変ご苦労されており，本来の経営手腕を十分かつ適時に発揮することに苦慮されているという話を多く聞きます。

　無論，経営者が運命共同体としての企業を中心に従業員とともに長期持

続的繁栄のために活動すること自体は誤りではありません。著者が主張したいのは，誠実で志の高い潔白な経営者であっても，企業文化のしがらみにより意図せずに企業を私物化し，結果として経営判断を誤り，一般社会や株主も含め多くのステークホルダーを不正会計の犠牲にしているという現実があることです。そうした企業文化の悪しき部分を軽減，排除することが社会や資本市場を，企業を，さらには，優秀な経営者をも守ることになるのです。

守りのガバナンスの強化

　日本の高度経済成長期においては，企業が稼得する利益が右肩上がりに増加したので，先送りした課題の重要性が時間の経過とともに相対的に小さくなる状況にありました。しかし今日の日本経済は，内需の限界により海外依存度が高くなる広範かつ複雑な低成長の経済環境にあります。毎期が企業の持続的低成長と存続をかけての真剣勝負の連続であり，本来は経営における重要な問題を隠蔽し課題として先送りしている余裕などないのです。また，日本独特の企業文化に凝り固まった日本企業においては，経営者個人のリーダーシップや自制心とか誠実性だけで会計不正を食い止めることは容易ではありません。レベルの高い"守りのガバナンス"と不正抑止を意識した統制環境により組織力の強化を図らないと，これからの日本企業はグローバルマーケットで戦い続け，経済社会に貢献し生き残ることはできません。

　コーポレートガバナンス・コードの適用開始により，多くの企業がガバナンス強化に力を注いでいます。執行と監視・監督の責任分担が明確化されたガバナンスが目指すべき姿です。執行と利害関係がなく他社の経営に

関して幅広い知見を持つ社外取締役が取締役会の過半数を占め，その取締役会の信任を受けた CEO が，取締役会の監視・監督の下で執行業務に全力を注ぎ込む姿が理想だと考えますが，実務対応としては未だ道半ばの企業が多いのではないでしょうか。

　不正会計を抑止するコーポレートガバナンスに必要なのは，何ら制限を受けることなく実効性の高い監視・監督を行うための取締役会メンバーの構成と，ステークホルダーの期待に応えられる監視・監督を実行できるスキルと経験を有する取締役会メンバーの登用です。社外取締役は多様な知見を有しているメンバーから構成されますが，一切の不正会計を看過しない企業文化の醸成状況を監視・監督するという期待役割からは，高度な「会計リテラシー（会計能力）」を有するメンバーの登用が必須となります。また，経営者の判断に潜む「偏向（バイアス）」の存在を意識し，不正会計がありうるとの前提の「懐疑心」の発揮により，高度な財務リテラシーをさらに活かすことも重要です。

企業文化の監査の重要性

　不正会計を発見できなかった公認会計士監査に対する資本市場や監査規制当局などステークホルダーの落胆や批判は年々高まり，規制当局の課徴金や損害賠償責任を問う訴訟も増加傾向にあります。公認会計士監査が資本市場の番人として持続的に社会貢献していくためには，従前から問題視されている期待ギャップを先送りで放置せず，いかに溝を埋めるかの戦略を練り（strategy），実行に移して成果を上げること（execution）が不可避です。

　これまでに，公認会計士監査の業界において，不正対応監査の導入によ

り監査人のマインドセットを変更し，取引記録や残高の表面的な確認を行うだけではなく，取引実態，ビジネス上の必要性，経営者の誠実性を疑う懐疑心など，監査対象領域の拡大と深化により監査のレベルアップを図ってきました。

一方，財務諸表における不正や誤謬による重要な虚偽表示を一切見逃さないという責務に対して，監査プロフェッションとして覚悟を持って対応しているものの，経営者による内部統制の無効化や共謀あるいは文書偽造などに対する固有の限界と期待ギャップの間でまだまだ悪戦苦闘しているのが現実です。この固有の限界を聖域から監査対象に転換したものの，監査プロフェッションの不正発見に対するスキルやアプローチが必ずしも十分に進化しておらず，結果として，実際に甚大な不正会計を見抜けず監査の失敗に繋がっているようにも考えます。

公認会計士や監査法人が，彼らを取り巻くすべてのステークホルダーから尊敬され認められる監査プロフェッションとして存在し続けるためには，監査の失敗ゼロを目指さなければなりません。そのためには，不正会計の発見責任に対する不退転の決意と覚悟，不正対応スキルと経験の向上，および不正対応アプローチの更なる進化が必要です。また，不正会計の発見だけではなく，不正会計を抑止・防止するための企業に対する指導力の発揮も期待されます。不正会計を根絶し，資本市場の健全な発展に貢献するために，公認会計士監査は，新たな領域「企業文化」にチャレンジすることになるでしょう。

また，企業文化の監査は公認会計士監査のみのターゲットではなく，企業の内部監査における課題でありチャンスでもあります。テーマの重要性に鑑み，欧米の内部監査業界においては，内部監査による企業文化の監査が急ピッチで進化しています。企業文化の監査によって得られる組織力の向上に直結する改善提言は，企業の内部監査の存在価値を大きく引き上げ

ることになるでしょう。

　以下の章では企業文化の監査に関する権威ある各報告書などの様々な視点から，企業文化と不正について説明してきます。

視点01：取締役の監督は企業文化の評価から始める

「企業文化」を評価する
―形式的なコンプライアンスの確認で終わらせない―

2014年6月，「日本再興戦略改訂2014」が公表され，「稼ぐ力」回復のための積極的な投資環境として「コーポレートガバナンスの強化」「社外取締役の積極的な活用」が重要な政策として位置づけられました。そして，東京証券取引所において，コーポレートガバナンス・コードが「日本再興戦略改訂2014」を受けて確定し，2015年6月1日から適用されています。

不正会計などの企業不祥事が発生した場合，社外取締役，内部監査部門，監査役（会），会計監査人等との連携が肝要になります。さらに，第三者委員会の設置が必要と思われる場合には，その設置や委員の選任手続にも積極的な連携が必要となります。

しかし，企業ガバナンスの基本は事後対応ではなく事前対応です。"取締役会は独立した客観的な立場から，経営陣・取締役に対する「実効性の高い監督」を行うこと[1]"で，不正会計や企業不祥事の発生を未然に防ぐことが期待されています。

また，"監査役及び監査役会に期待される重要な役割・責務には，業務監

---

[1] 東京証券取引所「コーポレートガバナンス・コード」コーポレートガバナンス・コード基本原則4（2015年6月1日）

査・会計監査をはじめとするいわば「守りの機能」がありますが，こうした機能を含め，その役割・責務を十分に果たすためには，自らの守備範囲を過度に狭くとらえることは適切でなく，能動的・積極的に権限を行使し，取締役会においてあるいは経営陣に対して適切に意見を述べるべき[2]であり，監査の機能における能動的・積極的な権限行使も期待されるところなのです。

加えて，"取締役会は，行動準則が広く実践されているか否かについて，適宜または定期的にレビューを行うべきです。その際には，実質的に行動準則の趣旨・精神を尊重する企業文化・風土が存在するか否かに重点を置くべきであり，形式的な遵守確認に終始すべきではない[3]"と規定され，単なるコンプライアンスの確認より「企業文化の評価」に主眼があります。企業文化とは何か，不正会計を抑止する企業文化はどうあるべきか，企業文化はどのように評価すべきか，これらの課題への対処方法は取締役会の本質的機能として検討に値します。

不正会計を抑止する
―積極的で建設的な発言を支える取締役の資質―

取締役には経営責任と法的責任があります。経営責任とは経営の結果に対する責任であり，法的な効果を持たないもので，その責任の取り方には，退任，辞任，報酬の返上・減額等があります。一方，法的責任とは，会社に対する忠実義務・善管注意義務違反による損害賠償責任等，法的効果に

---

[2]　東京証券取引所「コーポレートガバナンス・コード」コーポレートガバナンス・コード原則 4-4（2015 年 6 月 1 日）
[3]　東京証券取引所「コーポレートガバナンス・コード」コーポレートガバナンス・コードの補充原則 2-2 ②（2015 年 6 月 1 日）

基づくものです。

　このような取締役が会社に対する忠実義務・善管注意義務を果たすためには，法的義務を果たすだけではなく，経営のモニタリングの役割を十分に果たすことが肝要であり，特に社外取締役には取締役会の審議において以下のような深度ある質問（発言）[4] が期待されます。

① **社外者の視点からの質問（発言）の重要性：**社外取締役は，取締役会の席で，積極的に質問をし，社外，一般社会，一般株主の視点からの合理的な説明を求めることが重要である。
② **社内者に期待しにくい質問（発言）の提起：**社外取締役には，社内の取締役の場合には上下の関係もあって質問しにくい事柄についても，企業価値の向上や一般株主の利益という視点からの質問をすることが特に，要請される。
③ **経営陣の業務執行とは一定の距離を置いた客観的・公正な企業価値向上に資する質問（発言）**

　このような質問（発言）は，不正会計を未然に防ぐ「守りのガバナンス」の視点においても重要です。ガバナンスを担う方々は以下の資質を有することにより，質問（発言）の質をさらに向上させより実効性の高い監督を行うことができるようになります。

● 不正会計が存在することを前提においた「懐疑心」の保持
● 判断に生じがちな「偏向（バイアス）」の排除
● 不正会計の兆候に気づく適切な質問を可能にする「会計リテラシー（会計能力）」の保持

---

[4]　日本弁護士連合会「社外取締役ガイドライン」17 頁（2015 年 3 月 19 日改訂）

- 建設的な議論を提起し，論点や争点を明確化したうえで独立性・公正性を保って議論を客観的な視点から整理し，再調査，継続審議，議案への反対等の提案を行う「チャレンジ（異議申立）」の姿勢

▶ 実効性の高い監督を支える資質

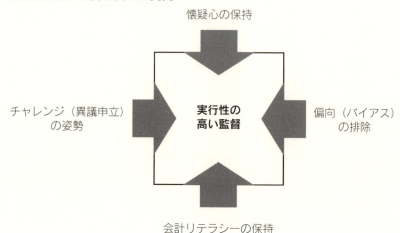

//

視点01 のまとめ

　公認会計士監査や内部監査にとって，懐疑心の保持，偏向（バイアス）の排除，会計リテラシーの保持，チャレンジ（異議申立）の姿勢は，監査プロフェッションが持つべき当然の自制行動・資質です。ポイントは，企業統治の責任者である取締役の監督においても，同様の目線と資質を備えて企業文化の評価を行うべきということです。

//

視点02：企業文化とは何か

注目を浴びる企業文化の監査

『Forbes』は企業文化を“監査において最も見過ごされる要素”と呼び，“企業文化の監査は，意思決定，問題解決，機能横断コミュニケーションプロセスを先導する企業のコアDNAに光を当てて問題点を明らかにする[1]”と言及しました。公認内部監査人協会が企業文化の監査実施の必要性と，企業文化を監査手続の重要な視点として取り入れることを求めたことを受けての記事です。企業の規模や業界にかかわらず，企業文化は統制環境の基盤となります。したがって，統制環境を評価するに当たり最初の重要なステップとなるのが，企業文化の監査なのです。

信頼と文化

信頼は経済を支える楽観主義の本源的要素であり，信頼と持続的成長の関係を理解する経営者は，企業を通じて，より多くの価値をすべてのステークホルダーにもたらすことができます。

---

[1] Forbes "Culture : The Most Overlooked Element of Audit" (September 29, 2014)

今日の厳しい競争環境においてビジネスを作りだすことは，企業を取り巻く主要なステークホルダーと築いている無形の関係，ビジネス・リレーションシップに多くを依存しています。すなわち，信頼を頼りにするということです。言い換えると，信頼を失うことは，企業価値を壊すことに繋がります。

　社会からの信頼を失い企業価値を大きく減失する事案は，ビジネスにおける経営判断の失敗や品質問題やコンプライアンス違反に限った話ではなく，不正会計も同様です。不適切な会計処理や不正意図のある粉飾決算は，いずれも資本市場の信頼を裏切る行為であり，株価下落により投資家に多大な損害を与えます。日本における名立たる大企業であっても，会計不祥事を原因とした虚偽記載による訂正報告や決算発表の延期，また無配転落を余儀なくされると，結果として，資本市場の信頼を喪失し，大幅な株価下落を招き，企業存続を危うくします。

　信頼はその構築に長い年月を要しますが，問題のある倫理観，価値観，行動指針によって引き起こされた一瞬の失敗によってその信頼は失いうるのです。重要な点は，過去に発生した多くの会計スキャンダルにおいて，企業文化の欠陥が引き金となっていることです。脆弱な企業文化とその影響を受けた組織のサブカルチャーが企業のレピュテーションを毀損し公益を侵したのです。資本市場への悪影響は甚大で，罰金，訴訟，規制当局の行政処分などの経済的損失も想定をはるかに超えます。

　"会社への完璧な忠誠心を求める日本の伝統的な文化が企業トップの姿勢の崩壊につながった[2]" という考え方があります。海外投資家は，正しくないことを看過してしまう組織脆弱性の根本原因が日本の企業文化にある

2　日本公認不正検査士協会「企業文化と不正の相関（ACFE クッキングブック／財務諸表不正の多様な手口の解説）」『FRAUD マガジン』第 48 号，29 頁（2016 年 1-2 月号）

ととらえ，一部の企業から推定される仮説にもかかわらず日本企業全体に存在するものとして心証を形成しており，国益を明らかに損なっています。生き残りをかけて世界のマーケットで他国グローバル企業と戦っていかねばならない日本企業ですが，大きなハンデを背負っていることを認識すべきです。

金融機関の文化

2016年10月，米国消費者金融保護局（CFPB）は，米国某大手金融機関において，顧客の許可のないままの口座開設やクレジットカード発行という不正行為が横行していたことを明らかにしました。不正に開設された口座数は百万件以上に上り，これに関わったとされる従業員5,300名が解雇となる大惨事です。この職権濫用の不祥事を誰も抑止することができなかったのはなぜでしょう。米国議員は，不正行為を事前に抑止できなかった銀行，役員，会計監査人，規制当局を厳しく責めました。また，営業に対する過度のプレッシャーとそれに連動する報酬体系や不法行為を抑止できない悪しき銀行文化が存在していたと明言しました。

銀行における脆弱な文化的基礎と重大な文化的失敗が，近年の金融クライシスの主要なけん引役であり，その後の金融スキャンダルの原因でもあり続けています。銀行は，顧客からの信頼，レピュテーション，経済的リターンにおいてとても低い評価が下されており，これを改善するための具体的な施策を実行する必要がありました。銀行に対する信頼の回復は，安全で有効な金融システムを確保するための主軸なのです。そうした対応に応えるため，中央銀行の幹部経験者や学者など世界の有識者から構成される，国際金融・経済問題に関する提言等を行う非営利のシンクタンクであ

る G30（The Group of Thirty）は，2015 年に「銀行の文化」にフォーカスしたガイダンス（以下，G30 ガイダンス）を発行しました。このガイダンスは，一般事業会社の企業文化を考察するうえでも多くの示唆を与えてくれます。期待される望ましい金融機関の文化として，G30 ガイダンスは次のように説明しています（抄訳枠内）[3]。

文化とは，特定の個人または社会の，思想，慣習，社会的行動と定義します。また，文化は，個人を組織に結びつける接着剤の役割を果たし，行動とビジネス実務のための一貫したフレームワークを創ります。そして文化は，誰も監視していない時に行う人間の自制行動として現れます。

何が善い文化で何が悪い文化であるかは，役員の直感で分かる部分もありますが，文化がその他の重要なファクター（例えば，信頼，レピュテーション，価値，倫理観，存在意義，ミッション，行動様式など）に対してどのように悪影響を与えるかを図ることは簡単な話ではありません。文化のコンセプト自体が無形物であることから仕方のないことなのです。G30 は，文化を仕組み（メカニズム）ととらえます。つまり，文化とは，価値や行動を提供し，銀行の信頼とレピュテーションを作り出すことに貢献するものなのです。

---

[3] G30 "Banking Conduct and Culture : A Call for Sustained and Comprehensive Reform" (July 2015).

▶ 銀行特有の文化の構成要素

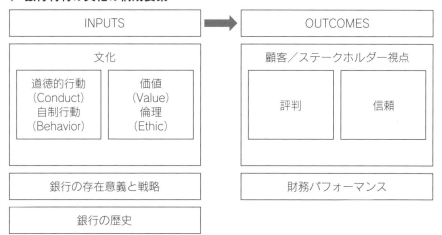

企業文化

　企業文化が組織に根づくには時間が必要です。企業の歴史と呼ぶに十分な期間に学んだ成功体験や失敗体験を基に、企業構成員が常識と考える慣習が醸成されるからです。これが企業文化です。日本企業の多くは、この企業文化を重んじる傾向があり、時に、社会的に正しいとされる絶対的なルール準拠ではなく企業が信じる常識的慣習を拠り所にした行動をとることがあります。すなわち、横並びや権威を常に意識し、常識的慣習と考えるところから逸脱していなければ、たとえルール違反であっても、表に露見しなければ違反を看過してしまう隠蔽体質（恥の文化）を醸成する企業文化があります。特にコミュニティとして規模が大きく歴史と伝統のある大企業において、そうした隠蔽体質の慣習が悪しき文化規範として根づいてしまっているリスクが高いと推察します。

こうした企業文化は，企業が正しいと考える企業倫理（corporate ethic）や企業行動規範（code of conduct）に大きな影響を与えます。言い換えると，目に見えない企業文化は，企業倫理と企業行動規範を明示的に示すことで企業文化の見える化を図ることができるのです。

企業倫理（corporate ethic）

　人は善悪を厳しく教わっていれば（つまり，社会の規範を自分の中に十分に取り入れ，その罪の意識が十分に条件づけできていれば），特に誰かの監視下になくても，罪の意識から，嫌悪感を抱かずに済む正しい行動を採択することが期待できます。こうした罪の意識や道徳的反応を学ばせて，セルフコントロール（自制心）を形成させる機会が必要となります。

　倫理とは人倫，エシカル（ethical）ともいい，人として守るべき道のことです。社会的影響を受けて変化し，ある社会で構成員相互間の行為の「善悪」を判断する基準として一般に合意されている規範の総体である「道徳（モラル）」や，「宗教」の教えと重なる部分が多いとされます。価値観は一般的に相対概念であり，そのコミュニティにおいて一般的に合意されることにより創造されるものとも考えられています。

　日本には武士道という概念があります（君に忠，親に孝，自らを節すること厳しく，下位の者に仁慈を以てし，敵には憐みをかけ，私欲を忌み，公正を尊び，卑怯を恥とし富貴よりも名誉を以て貴しとなす）。日本人の倫理観は，儒教道徳（仁，礼，孝，忠，中庸の精神）を基本にし，「努力」「忍耐」といった修行的性格を美徳ととらえて形成されており，日本人は「無意識」にそうした伝統道徳に従って行動していると考えられています。

　一方，一般的な倫理に比べて，企業倫理に関しては，経営トップの目指

す企業倫理観を企業構成員が自己の価値観として無意識に取り入れること
を前提におくことはとても危険です。企業倫理とは，「法令順守」はもちろ
ん，自然環境や社会環境，人権保護といった「道徳的観点」を包含し，企
業活動を規定し，組織として統率する考え方であり，自社独自の企業理念
や行動指針などで自社としての倫理観，判断基準となる価値観を明確に定
義する必要があります。また，法律を尊重しつつも，法的には認められて
いる行動が，企業倫理では禁止しているケースもあるでしょう。そうした
企業倫理を従業員が遵守するのは，罰則を恐れるからではありません。「公
平性と公正性」に裏付けされた企業倫理に対して，従業員自身が抱く「納
得感」と自発的な「義務感」に基づくものであることを心得なければなり
ません。

　異なる会社，業界，国，社会では企業倫理も異なることが当然であり，
普遍的な企業倫理は存在しないものの，社会貢献と信頼よりも営利を優先
し不正を許容するような企業倫理は無用にして有害です。また，特定の国
や業界において特定の非倫理的行為が慣行化すると，その国や業界に帰属
する会社従業員はそのような倫理違反に違和感を持たなくなります。仮に
感じたとしても正当化してしまうのです。

　ですから，経営トップは，企業倫理に違反する行為は一切容認しないと
いう強い姿勢を従業員に対して明確に伝達する必要があるのです。例え
ば，賄賂を公的サービスやビジネスにおける潤滑油的機能（ファシリティ
ペイメント）と考える国もあります。これを単に「悪で間違った行為ゆえ
禁止する」ではうまくいきません。「間違っている（wrong）」から正すの
ではなく，我々が世界を相手に事業を行ううえで必要な方針に合致しない
から止めるべきと促すのです。もしこの行為をしたいのであれば他の会社
にいってもらえばよいのです。くれぐれもアメリカンバイブルの押し付け
と取られないように留意すべきです。

視点02：企業文化とは何か　**21**

企業行動規範（code of conduct）

　企業倫理によって企業視点のセルフコントロール（自制心）を形成した従業員が次に必要とするものは，日々の企業活動における企業行動規範です。

　企業倫理には「公平性と公正性」と「納得感と自発的な義務感」が大切です。一方，企業行動規範は，できるだけ内容を絞り込んだ実践的な例示を示して導くことが大切なのです。

　昨今の日本のグローバル経営における失敗事例を鑑みるに，海外拠点や海外子会社に対するグループ企業行動規範の浸透が不足しているというより，そもそも定めたグループ企業行動規範が倫理規定の側面が強く抽象的な内容のままというのが現状のようです。国ごとの異なる文化や倫理観や実務慣行の真っただ中にいて難しい局面に直面している海外子会社の従業員にとって，具体性を欠く規範は有用性がなくリスク軽減に貢献しません。グループコーポレート部門は，グループ価値観の共有と全体最適のリスク評価の視点から具体的な行動規範を示すべきであり，判断をローカルに任せきりにするような対応は避けるべきです。

　東京商工会議所の「企業行動規範（第2版）」においても下記のように記載されています。

要は自社の「身の丈にあった」規範とは何かを十分に考えて策定することです。全国，全世界の企業構成員全員に周知徹底が図れるよう，分かりやすい言葉でまとめます。どれほど立派な企業行動規範を策定しても，それが日々の活動の中で実践されない限り，何の意味もありません。そのことを全員に徹底し，確実に行動規範を遵守していくことが不可欠なのです。規範の実践を社内で定着させていくには，従業員へ規範を繰り返し説いて教育していくことが最も有効な方法です[4]。

　企業行動規範を単なる倫理規定ではなく，具体的な行動規範を示すツールとして機能させるためには，例えば，東京商工会議所が提案している企業行動規範の基本10項目[5]が参考となるでしょう。

1. 法令の遵守
2. 社会とのコミュニケーションの促進
3. 地域との共存
4. 環境保全への寄与
5. 顧客の信頼の獲得
6. 取引先との信頼関係の確立
7. 従業員の自己実現への環境づくり
8. 出資者・資金提供者の理解と支持
9. 政治・行政との健全な関係
10. 反社会的勢力への対処

---

[4]　東京商工会議所「企業行動規範（第2版）」（2007年4月）
[5]　東京商工会議所「企業行動規範（第2版）」（2007年4月）

視点02：企業文化とは何か　**23**

望ましい企業文化の組織醸成の方法

　また，G30 のガイダンスは望ましい文化を組織全域に確実に醸成し各構成員のマインドセットとして定着させるための継続モニタリングと 4 施策の重要性を下記のように提唱しています。

複雑で多岐にわたる文化という積み木を日々の業務のために積み上げているのは企業の価値と行動（values and conduct）であり，それらに焦点を当てることで，持続的な文化の改善が達成，保証されます。価値と経営は実際に目で監視・測定が可能であり，銀行の規則に具現化した特定の原則として特定ができ，インセンティブの構造にも連動しています。また，多くのステークホルダーの目的にも明確に連結させることができますので，企業文化そのものではなく企業の価値と行動に焦点を当てる方が実務的で分かりやすいのです。

望まれる価値と行動は経営者の姿勢（tone from top）で明らかにされ，中間管理職の発言（the voices of the middle manager）は組織構成員の下位層から反響してこなければなりません（echo from the bottom）。組織全体の構成員の心に染み込ませ醸成させることが肝要です。すなわち，どのように働くのか，どのように評価されるのか，誰が雇われ，昇進し，報われるか，上司が不在で判断が必要な時に従業員はどのような行動を起こすのか等，望まれる価値と行動を従業員の日々の習慣と実務において反映させておくことが必要なのです。

主たるチャレンジは，価値と経営の基準に従うことに判断が必要な場合，つまり法令により正しいことが明示されていないようなグレーゾーンにおける行動を特定し管理することです。

企業文化は目に見えないものです。そこでG30は，あるべき企業文化を定めるためには企業の価値と行動という視点で具体的な見える化を図ることと，日々の業務において確実に準拠・実践させるために，従業員の行動と業績を評価する直属の上司が企業の価値と行動規範の内容を実務において適用できるよう正確に咀嚼して伝達する仕組み（カスケード）を機能させることの2点を強く提言しています。

　こうした点を配慮しながら，以下の4施策の継続的モニタリングと忍耐により，望まれる企業文化を組織全域に確実に浸透させていくことになります。

〈4施策：G30のガイダンスの抜粋（抄訳枠内）〉

> 1.　**経営者の責任とガバナンス**：経営者の姿勢（tone from the top）が明確であり組織下位からの反響（echo from the bottom）と首尾一貫していることを確認する一義的責任は経営者とマネジメントチームにあります。その上で，取締役会は，価値，道徳的行動および自制行動が組織に埋め込まれていることの監視活動が持続的かつ優先度高く議題に含まれていることを確認しなければなりません。
> 経営者の姿勢がよくても，大多数の中間管理層は旧来の評価指標（収益，利益，ROEなど）を重視する文化から変革できないことがしばしばあります。こうした状況を放置すると，従業員が描く道徳的行動や価値の重要性を毀損し，旧来の評価指標が明らかに最も大切であるとの誤ったメッセージを強く与えてしまいます。非財務成績の盛り込みを要請するバランスド・スコアカードの利用は有益ですが，財務数値の実績が思わしくなくボトムライン業績（期間損益）が再び強調されるとスコアカードアプローチの効果は減少してしまいます。したがって，経営者の姿勢を組織全域に行き渡らせる際には，中間管理層へのカスケードの方法がとても重要になってきます。

　カスケード（cascade）とは，メッセージを下位組織に段階的につなげて転送するコミュニケーションです。

視点02：企業文化とは何か　**25**

2. **業績評価**：企業の価値と経営期待に沿う満足できる行動の条件を充たさない従業員は報奨されないことを再確認すべきです。

3. **従業員教育とプロモーション**：従業員に対して何が求められるのかを説明し，定期的に意識を強化するための広範なプロセスを構築し，それを継続しなければなりません。

4. **有効な3つのディフェンスライン**：
   【第1ディフェンスライン】 望まれる価値と経営責任を負っているビジネスラインの経営者は，リスクと統制を管理しなければなりません。
   【第2ディフェンスライン】 基準を設定しリスクと統制をモニタリングする。また，第1ディフェンスラインへのアドバイスを行ないます。
   【第3ディフェンスライン】 基準への準拠性を厳しくかつ強制的にテストして客観的な保証を与えます。それぞれのディフェンスラインと外部監査は，上級経営者と取締役会に対して，企業の価値と経営の理解を助け，価値と経営方針と実務を監視するガバナンス責任を援助するため，定期的に包括的で有用な報告を実施すべきです。

　3つのディフェンスライン（three lines of defense[6]）という言葉が登場していますが，これは2015年に発行された『COSOガイダンス』で紹介されたコンセプトです。COSO内部統制フレームワークにおける役割は誰に責任があるのかが必ずしも明確ではありませんでしたが，モニタリングを担当する3つの部門の役割分担の方法についてこのガイダンスは指針を提

---

[6] COSO "Leveraging COSO across the three lines of defense by The Institute of Internal Auditors, Research commissioned by COSO" (July 2015)

供しています。第2ディフェンスラインに含まれるモニタリングと異なり，第3ディフェンスラインの内部監査は，独立性・客観性を保持した保証を与え，企業統治への報告が主となります。

3つに分かれ明確に定義されたディフェンスラインが整備される時に，企業のガバナンスと統制環境は最適となります。国や規模によって事情は異なりますが，一般的に，海外子会社においてもこの3つのディフェンスラインが存在するという前提でガバナンス体制を構築することが望まれます。また，3つのディフェンスラインは究極的には有効なリスク管理という同じ目的に向かっており，3つのディフェンスラインがお互いに情報を共有し業務をうまく連携することが肝要です。

▶ 3つのディフェンスラインモデル

出所：日本内部監査協会「COSO—ガバナンスと内部統制3つのディフェンスライン全体でのCOSOの活用」『月刊監査研究』第503号，p.39（2015年10月）

適切なリスク文化の評価指標

金融システムの脆弱性への対応や金融システムの安定を担う各国当局間

の協調の促進に向けた活動などを行う金融安定理事会（FSB：Financial Stability Board）は，2014年に「リスク文化」に関するガイダンス[7]（以下 FSB ガイダンス）を発行しました。G30 ガイダンスと同様，FSB ガイダンスも，一般事業会社のリスク文化を考察するうえで多くの示唆を与えてくれます。FSB ガイダンスはリスク文化を次のように説明しています（抄訳枠内）。

文化は道徳的行動や自制行動を含むものであるがゆえに非常に複雑な問題を有しています。しかし，金融機関の文化とそれが安全性と適切性にどのように悪影響を与えうるかについて理解する努力は行わなければなりません。一口に文化といっても多様な定義が存在しますが，監督者はリスク認知，リスク受容，リスクマネジメントあるいはリスク文化に関連する金融機関の規範性，道徳的行動，自制行動について注力しなければなりません。

リスク文化における欠陥はグローバル金融クライシスあるいは重大なリスク・コンプライアンス事件の根本原因とみなされています。金融機関のリスク文化は金融機関の従業員の行動と意思決定に影響を与える重要な役割を担っており，金融機関のステークホルダーに対する姿勢をも形成しているのです。堅実なリスク文化とは，厳しいリスク・ガバナンス・フレームワークの枠組みにおいて，適切なリスク認知，リスク受容に関する行動および判断を継続的に下支えするものです。また，堅実なリスク文化は有効なリスクマネジメントを支援し，堅実なリスク受容を推奨します。さらに，堅実なリスク文化は，金融機関のリスク・アペタイト（appetite，選好）を超える緊急のリスクやリスク受容の活動を認識した時点で，評価・上申し，適時に対応が図られることを保証します。

---

[7] FSB "Guidance on Supervisory Interaction with Financial Institutions on Risk Culture - A Framework for Assessing Risk Culture" (April 7, 2014)

ここでいうリスク・アペタイトとは，事業目的とステークホルダーに対する責務を踏まえ，事業活動上，受入れる能力と意思があるリスクの水準と種類のことを指します。

　リスク文化の評価はとても複雑です。しかし，組織力の強化にとって非常に重要ですので検討の価値があります。幸い，適切なリスク文化の指標となりうる実務が存在します。リスク・アペタイト（risk appetite，選好）と統制のバランス意識が重要です。これらの指標は全体として考慮しうるもので，相互に強化作用があります。従い，それぞれの指標を単独に評価するとリスク文化の多面的性質が無視されてしまいます。

　当該 FSB ガイダンスは，リスク文化を評価するために以下の4つの指標を掲げています。それぞれの項目について解説致します（抄訳枠内）。

1. 経営者の姿勢
2. 説明責任
3. 効果的なコミュニケーションとチャレンジ（異議申立）
4. インセンティブ

〈FSB ガイダンスの抜粋（抄訳枠内）〉

リスク文化の4評価指標

1. **経営者の姿勢（tone from the top）**：取締役会と上級経営者は金融機関の核心的価値とリスク文化への期待を設定する際の出発地点となります。彼らの行為・行動こそが，支持されている価値に反映されなければなりません（有言実行，walking the talk）。支持すべき主たる価値は従業員が誠実に行動を起こすことです（正しいことを行う）。そして，発見された違反は組織の内外に対し

視点02：企業文化とは何か　**29**

てサプライズなきアプローチで直ちに上申することです。金融機関のリーダーシップは，リスク文化を推し，監視，そして評価します。そして，文化に与える安全性とその影響を考慮し，必要に応じて修正を行います。

2. **説明責任（accountability）**：すべての階層の関連する従業員は金融機関の核心的価値とリスクへのアプローチを理解しており，かつ規定の役割を実施する能力があり，リスク・アペタイトの行動に対する説明責任を保持していることを認識しています。

3. **効果的なコミュニケーションとチャレンジ（異議申立）（communication and challenge）**：適切なリスク文化はオープンコミュニケーションの環境と有効な異議申立を促進します。これには，意思決定プロセスにおいて幅のある所見を推奨し，現在の実務の適切性をテストすることを許容し，肯定を促し（stimulate a positive），従業員の中における批判的な態度を保ち，オープンで建設的な業務環境を促進するといったことを含みます。

4. **インセンティブ（incentive）**：業績とタレントマネジメントは，金融機関に求められるリスクマネジメント行動様式の維持を奨励し強化します。財務あるいは非財務のインセンティブは金融機関のあらゆる階層の核心的価値とリスク文化を下支えします。

◎指標1：経営者の姿勢（tone from the top）

　適切な経営者の姿勢と標準となる行動様式は適切なリスク文化の促進に必要な条件ですが，それだけでは十分ではありません。持続的な変化に備え，リスク文化の実務を下位組織に段階的につなげて転送する（カスケード，cascade）チャネルとして，中間管理職（in the middle）の姿勢と行動様式も不可欠なのです。直属の上司がリスク文化の有意性を訴えなければ，

▶ FSB ガイダンスの抜粋（抄訳枠内）

	例示で主導する
3.1.1	取締役会と上級経営者はリスク文化に対する明確な所見（このリスク文化に彼らが金融機関として熱望するところ，この文化の行動的/組織的結果，広まったリスク文化に対する体系だった監視と評価，弱点や危惧に対する前広な対応）を有している。
3.1.2	取締役会と上級経営者は，特定の責務の一環として，行動様式，活動，言動を通じて，リスク文化を促進する。このリスク文化にはリスクマネジメントに対する誠実性と適切なアプローチ，オープンな意見交換，異議申立（challenge），議論（debate）が奨励される。
3.1.3	取締役会と上級経営者は，より良い判断に至るかもしれない代替的な所見の提供により異議を申し立てる開放性（openness）を下支えする，あるいは奨励する健全な懐疑心（skepticism）を促進する。すべての取締役は彼らの責務（特に異議申立機能）を効果的に果たすために，ツール，人的リソース，情報が提供されていることが確認できている。
3.1.4	取締役会と上級経営者は，有効なリスク・アペタイトのフレームワークを設定，監視，準拠することを確約している。これらは，リスクマネジメント戦略を支持し，包括的なビジネス戦略と統合された適切なリスク・アペタイトの声明によって下支えされている。
3.1.5	タレント育成，後継者計画，部外秘の360度調査などの仕組みが整備されている。これにより，金融機関において弊害となる「意思決定が一人の個人あるいは個人の小グループによって支配的になるような様式」になることを防いでいる。
3.1.6	上級経営者は，誠実性，リスクガバナンス，リスク文化において，他の従業員と同様の期待が求められる。報酬，責務，退職に影響を与えうるインセンティブ体制の対象となる仕組みが整備されている。
	信奉価値（espoused value）の評価
3.1.7	取締役会と上級経営者は，経営者とすべての階層の従業員が信奉価値をコミュニケーションし前広に促進することにより中間層の姿勢（tone at the middle）と金融機関の至る所の姿勢が経営者の姿勢と一貫性を保っていることを，系統的に評価する。
3.1.8	取締役会と上級経営者は，金融機関のリスク・アペタイトのフレームワークとビジネス戦略が経営者と関連する従業員によって明確に理解され受け入れられ（embraced）かつ効果的に意思決定と営業活動に埋め込まれていることを，評価する。

視点02：企業文化とは何か **31**

リスクに対する一般的な理解と認識の確認	
3.1.9	リスク・アペタイト，リスクマネジメント戦略，およびビジネス戦略が，組織のすべての階層における意思決定と営業活動において効果的に足並みをそろえ（aligned），受け入れられていることを確認するために適切な仕組みが整備されている。
3.1.10	取締役会と上級経営者は，リスクマネジメントにおいて最も大きな異議申立の対象となるビジネスラインに対して明確な所見を有している。例えば，期待外れあるいは説明不能な結果や，緊急かつ安易な数量化が必ずしも必要でない非財務リスクなど，リスク・リターンバランスに対する建設的で信頼できる異議申立である。
3.1.11	取締役会と上級経営者は，取締役会，監視者，そしてすべての統制ファンクションによって提起された問題に対して，経営者がいかに遅滞なく効果的に対処するかを系統的に監視する。
過去の経験に基づく学び	
3.1.12	リスクマネジメントの不備（整備，設置あるいは導入）が金融機関の適切なレベルにおいて査閲され，不備を誘発した根本原因（root cause）を特定し，また不備を金融機関のリスク文化を強化する機会ととらえる，そうしたプロセスが整備されている。
3.1.13	過去の事象から学んだ評価とコミュニケーションの教訓は，成功の場合も失敗の場合もあるが，金融機関のリスク文化を強化し，将来に向けて真の変化を実現する機会ととらえている。

組織構成員の納得感を得ることはできません。リスク文化の醸成には，形式的なコミュニケーションではなく，魂のこもった丁寧で双方向のダイアローグが必要なのです。

◎指標２：説明責任（accountability）

　説明責任とは，新たに発生した想定外のリスクや課題を，特定し，マネジメントし，かつ遅滞なく報告・上申することです。また対応しないことによる結果に対しても明確な説明が必要です。これにより報告を受けた上司は不知の主張をすることができなくなります。一方，不都合な事象を報

▶ FSB ガイダンスの抜粋（抄訳枠内）

	リスクの責任者
3.2.1	組織全体において新たに発生したリスク情報の監視，報告，対応についての明確な期待が準備されている。
3.2.2	新たに発生したリスク，低頻度だが重大な影響を有するリスク，組織水平的なものと組織垂直的なものの双方を含むリスクに対して，情報を共有するための仕組みが整備されている。
3.2.3	CEO，上級役員，全組織の従業員は，彼ら自身の行動に対して説明責任を有している。また，彼らの対応や行動の結果が財務的損害や利益を生じたか否かにかかわらず，彼らが金融機関のコアバリュー，リスク・アペタイト，リスク文化に合致した行動をとらない場合に，どのような責任顛末（懲戒など）が課されるかについて彼らは理解している。
	上申プロセス（escalation process）
3.2.4	リスクマネジメントを下支えするための適切な上申プロセスが設置され，準拠違反に対して明確な責任顛末を科すという視点で上申手続きが定義されている。
3.2.5	従業員は上申プロセスの存在を認知しており，批判的な異議申立にオープンな環境であると信じているかどうかという視点において系統的な評価が実施される。
3.2.6	仮に不正行為の申し立てを行っていない場合でも，従業員が製品や実務について不快を感じた際には，心配ごとを上申し報告するための仕組みが設置されている。
3.2.7	リスクマネジメントのフレームワークにおいて有効な準拠を下支えするために，適切な内部通報手続きが整備されており，従業員は報復なしに利用できる。内部通報の取り扱いは明確に伝達され，実務において想定通りに対応される。
	明確な責任顛末
3.2.8	有利な収益や利益が創出されたかどうかにかかわらず，金融機関のリスク・アペタイト声明との比較において過度となる危険なリスク受容に関与するいかなる構成員に対しても，責任顛末のルール（懲戒処分など）は明確に整備し，伝達し，適用される。
3.2.9	内部方針，手続き，リスク限度からの逸脱，および内部行動規範の違反は，個人の報酬と責任に潜在的影響を与えるものであると理解されている。また，キャリアプランに悪影響を与えうるし，逸脱程度によっては，懲戒解雇になりうることも理解されている。

視点 02：企業文化とは何か　**33**

告・上申したとしても，問題の説明責任を他の人あるいはグループに転嫁したことにはなりません。

◎指標3：効果的なコミュニケーションとチャレンジ（異議申立）

金融機関の健全なリスク文化は透明性（transparency）と開かれた対話（open dialogue）を推奨します。リスク課題の特定と上申を促進するため（従業員が手を挙げやすくする），それらは，取締役会においてだけではなく，経営者と取締役，経営者と従業員，すべての階層と，組織におけるあらゆる地点（開発，マーケティング，製品の導入と維持，サービスと取引）で行われます。また，効果的なコミュニケーションと異議申立を促進する

▶ FSB ガイダンスの抜粋（抄訳枠内）

代替所見を責めない（開かれたコミュニケーション）	
3.3.1	個人やグループからの代替的所見や質問は，奨励され，価値あるものと受けとられ，尊敬され，実務において実際に発生している。リスク関連の意思決定を強化するために各従業員の意見を価値あるものと位置づけ，組織が一丸となって機能していることを確認するため，開かれたコミュニケーションと協力の文化は継続的に促進される。
3.3.2	ガバナンスのすべての階層において，広範な異議申立に対する寛容さは定期的に評価されます。また，その異議申立を意思決定に考慮する仕組みと，代替的所見を実務において実際に表明しうる仕組みが整備されている。
統制部門の才幹＊（stature）	
3.3.3	統制部門（リスクマネジメント，内部監査，コンプライアンスなど）は営業ラインと同様の才幹を維持し，委員会に積極的に参加し，すべてのリスク関連の決定と活動に前広に関与する。
3.3.4	統制部門は独立して活動し，取締役会と上級経営者への適切なダイレクトアクセスを有し，取締役会へ定期的報告をするプロセスが整備されている。
3.3.5	統制部門は，それぞれの代表者を含めアドバイザーとして活動するだけでなく，リスク文化に関連する統制タスクを効果的に実行するに十分な才幹を有する。

＊物事を成し遂げる知恵や能力。手腕

ため，コミュニケーションを促し，代替的所見を意思決定プロセスに持ち込み，そして金融機関の望まれる行動様式についての継続研修を提供するなどの，仕組みが備えられています。こうした異議申立を責めないなどの仕組みは，オープンな文化の証拠として意思決定プロセスや広義のやり取りやプロセスに反映されています。

◎指標4：インセンティブ

リスクマネジメントにおける積極的文化の力の根源は，適切なリスク受容自体に価値があり，かつそれが強制されるため，リスクを管理することを従業員に動機づけすることにあります。報酬，業績評価，昇格システムは，短期収益を創出するのではなく，持続的な収益力を含み，より大きくかつ長期利得に従事するものを報奨するものでなければなりません。

このことは，組織内のリスクとコストを適切に見積もり，定量化し，配分するために必要な洗練されたシステムを要求します。リスクマネジメントとコンプライアンスへの配慮は，営業部門において報酬，昇格，採用，業績評価を促進させるに十分な状況にあります。包括的リスクマネジメントのフレームワークへの遵守は，専門的能力の開発，査定，評価，昇格，そして報酬プログラムの重要な要素となります。

▶ FSB ガイダンスの抜粋（抄訳枠内）

報酬と業績	
3.4.1	評価システムは企業が採用したコアバリューを下支えし，最適なリスク受容の行動様式を促進している。また，評価システムはしっかりと規定化されたプロセスにより支えられている。
3.4.2	報酬と業績の評価指標は，望まれるリスク受容行動様式，リスク・アペタイト，リスク文化を継続的に下支えし推進している。かつ，従業員の部門や従業員自身のためではなく，会社にとってより良いことに関心を持った活動をすることを推奨する。

視点02：企業文化とは何か　**35**

3.4.3	年次の業績評価レビューと目的設定プロセスは，コンプライアンスの方針と手続きと同様，企業の望まれるコアバリューと行動様式の促進に結びついている。また，内部監査や監視による発見事項によって注目を集めた不備に対して適時に対応着手している。
3.4.4	褒賞報酬プログラムは，組織的に，企業のコアバリューとリスク文化に関連する個人あるいは部門を対象として含んでいる。これには，顧客対応，内部統制部門や監視部署との協働，リスク限度への準拠，業績とリスクにおける調整を含みます。
後継者計画	
3.4.5	主要な経営者ポジションの後継者計画プロセスは，収益ベースの成果だけではなく，リスクマネジメント経験を含んでいます。例えば，最高リスク責任者，最高コンプライアンス責任者，内部監査部長など，一貫性のある責任経験を持った個人はCEOを含む最高責任者のポジションの潜在的候補者となりうる。
タレント育成	
3.4.6	主要リスク，リスクマネジメントの基本要素，および企業文化の理解は，上級従業員の重要なスキルセットと考えられ，育成計画において反映される。
3.4.7	統制部署とビジネスラインとのジョブローテーションは，ビジネス知見を統制部署に提供し，リスク認識をビジネスラインの意思決定プロセスに導入する好循環（virtuous cycle）を手助けする方法と考えられる。
3.4.8	教育プログラムは，リスクマネジメント能力（より広義には，適切なリスク文化を下支えする要素）を開発するためにすべての従業員に利用され，かつ有効な異議申立とオープンコミュニケーションを含みます。

　銀行文化の組織醸成方法およびFSBの金融機関のリスク文化の評価指標をおさらいすると，企業文化の醸成には，以下の5つの項目が重要とされます。

1. 経営者の姿勢（tone from the top）の重要性
2. 中間管理層の発言（the voices of the middle manager）とカスケードの重要性
3. 文化と業績評価との関係の再確認

4. 文化醸成のための従業員教育の継続性

5. 有効な 3 つのディフェンスラインの整備

また，企業文化の評価には，以下の 4 つの指標が重要とされます。

1. 経営者の姿勢（tone from the top）

  A）リスク文化

  B）オープンな意見交換，異議申立（challenge），議論（debate）

  C）開放性（openness），健全な懐疑心（skepticism）

  D）リスク・アペタイト・フレームワークを設定，監視，準拠

  E）小グループによる支配の回避

  F）インセンティブ体制

  G）中間層の姿勢（tone at the middle）

  H）リスク・アペタイト・フレームワークとビジネス戦略

  I）リスク・アペタイト・フレームワークを設定，監視，準拠促進する

  J）遅滞なく効果的に対処する

  K）根本原因（root cause）の特定

2. 説明責任（accountability）

  A）リスクの責任者の姿勢（tone from the top）

  B）上申プロセス（escalation process）

  C）批判的な異議申立にオープンな環境

  D）適切な内部通報手続き

  E）明確な責任顛末，有言実行（walking the talk）

3. 効果的なコミュニケーションと異議申立（challenge）

  A）代替所見を責めない（開かれたコミュニケーション）

  B）統制部門の才幹（stature）

視点 02：企業文化とは何か　**37**

4. インセンティブ

　A）報酬と業績

　B）褒賞報酬プログラム

　C）後継者計画

　D）タレント育成

視点 02 のまとめ

　企業文化が健全なもの（healthy）から有毒なもの（toxic）に傾倒していることを示す特徴はいくつか存在しますが，特に顕著な点は従業員の行動様式に現れます。有毒な企業文化のサインの1つが Walking on eggshells です。文字通りの意味は「卵の殻の上を歩く」ですが，言葉や行動に非常に慎重になる，誰かを怒らせたり間違ったことをしないように非常に注意深くなる，という意味です。Walking on eggshells の状況においては，"従業員はいつも叱責されることや社内における降格や左遷を恐れています。報復を恐れから健全な討議を敬遠し，会議はいつも一方通行のコミュニケーションです。従業員は敬意を払われず無視されています。透明性などは皆無です。[8]"

　企業文化を監査する際に，こうした有毒な企業文化のサインを場当たり的に捜査することは，客観的な保証を網羅的に得るという視点において有効ではありません。

　その意味で，上述した G30 の銀行文化の組織醸成方法および FSB の金融機関のリスク文化の評価指標は，適切なリスク受容を支えるため，リスクとリターンのバランスを適時に比較考量する枠組みとして一般事業会社にも適用可能です。堅固なリスク文化が醸成されている企業においては，事業上の重要なリスクはすべて掌握できるように体制が整えられており，悪い知らせは躊躇せずに即時に伝達されます。経営トップの姿勢と中間管理職からの伝達および業績評価システムが首尾一貫した「正直を善しとする企業文化」は，一切の不正会計を許容しないゼロ・トレランスの企業文化を醸成することを後押しします。

---

[8]　IIA "More than just setting the tone : a look at organizational culture" *Tone at the Top* (February 2016)

> **視点03**：「COSO全社的リスクマネジメント・フレームワーク（戦略およびパフォーマンスとの統合）（COSO Enterprise Risk Management - Integrating with Strategy and Performance）（June, 2017）」

2017年9月，COSOは全社的リスクマネジメント（Enterprise Risk Management，以下ERM）のフレームワークの改訂版を公表しました。2004年に公表されたERMフレームワークの内容を大きく変更する改訂となります。1つの「プロセス」ととらえていたERMを「カルチャー，能力，実務」へと大きく概念を拡大しており，カルチャーの役割を導入し，リスク・プロセスだけでなくリスク・カルチャーに対する重要性を強調しています。

リスクの定義

旧ERMフレームワークでは，リスクとは"目標達成を阻害する影響を及ぼす事象が生じる可能性"であると示されていました。すなわち，マイナス影響を与える事象をリスクととらえていたわけです。一方，改訂ERMフレームワークはリスクを"事象が発生し，戦略と事業目標の達成に影響を及ぼす可能性[1]"と定義しており，マイナスだけではなくプラスの影響を

---

[1] COSO "Enterprise Risk Management - Integrating with Strategy and Performance" (June 2017)

も与える事象も含めてリスクととらえています。リスクマネジメントというと，価値の創造，維持，実現を阻害する側面に注力しがちですが，大切なことは，潜在的な機会を追求することも ERM は支援するということです。ERM はリスクを取らない「守り」だけではなく，リスクを取りにいく「攻め」に対しても機能するのです。

　副題にある通り，戦略の策定とパフォーマンスまでを一貫してリスクと統合することが今回の ERM 改訂の主眼です。戦略策定時に限らず，事業体の日々の業務に ERM が展開されることで重要な便益の実現につながること，目標パフォーマンスの実現にどれだけのリスクをとることができるかを考える「リスクをとる姿勢（mindset for risk taking）」が有効であることも示されています。また，今回の改訂 ERM のアプローチにおける特徴として，リスクプロファイル（想定リスクに対する複合的視点）の利用によるパフォーマンスとリスク量の相関関係の見える化があげられます。当該相関関係において，価値追求の視点から組織が受け入れるリスク（risk appetite，リスクアペタイト，リスク選好）と事業体が戦略と事業目標の追求において耐えうる最大量のリスク（risk capacity，リスクキャパシティ）を把握することにより，より客観的で効果的なリスクマネジメントが可能になります。

改訂ERMフレームワークの5つの構成要素と20の原則

　旧 ERM フレームワークは8つの構成要素（①内部環境，②目的の設定，③事象の識別，④リスクの評価，⑤リスクへの対応，⑥統制活動，⑦情報と伝達，⑧モニタリング）を示し，内部統制フレームワークの COSO キューブにならった COSO ERM キューブとして立体図を示していました

が，今回の改訂で廃止されました。一方，改訂版ERMフレームワークは，リスク，戦略，パフォーマンスの関連を重視し，5つの構成要素（①ガバナンスとカルチャー，②戦略と目標設定，③パフォーマンス，④レビューと修正，⑤情報，伝達および報告）を提示しました。また，事業体の規模，種類，業種に関係なく異なる組織体ごとに異なる対応を可能とし，ガバナンスからモニタリングまで全てに適用できるよう，原則主義を採用しています。提示されている20の原則は次の通りです。

1．取締役会によるリスク監視を行う
2．業務構造を確立する
3．望ましいカルチャーを定義づける
4．コアバリューに対するコミットメントを表明する
5．有能な人材を惹きつけ，育成し，保持する
6．事業環境を分析する
7．リスク選好を定義する
8．代替戦略を評価する
9．事業目標を組み立てる
10．リスクを識別する

11．リスクの重大度を評価する
12．リスクの優先順位づけをする
13．リスク対応を実施する
14．ポートフォリオの視点を策定する
15．重大な変化を評価する
16．リスクとパフォーマンスをレビューする
17．全社的リスクマネジメントの改善を追求する
18．情報テクノロジーを有効活用する
19．リスク情報を伝達する
20．リスク，カルチャーおよびパフォーマンスについて報告する

望ましいカルチャーを定義づける（原則3）

改訂ERMによれば，"カルチャーは，事業体のミッションとビジョンの達成を支援する。リスクを認知するカルチャーを持つ事業体は，リスクを

管理することの重要性を強調し，透明性をもちかつ適時なリスク情報の伝達を促進する。これは，懲戒によってではなく，理解，説明責任および持続的成長を重視する姿勢によって行われる[2]」と説明しています。従って，戦略策定の段階からその実行に至るプロセス全体にわたり，各組織構成員が日々の企業活動においてリスク・カルチャーを意識して企業として期待する対応を適時適切に行ってもらうためには，まずは企業として望ましいカルチャーを定義することが肝要なのです。

ERM においては，事業体のカルチャーが，リスクテイクに対する「慎重な姿勢」から「積極的な姿勢」までの間のどこに位置しているかを測定・評価することが重要なポイントになります。リスクをとる積極的姿勢が強いところに位置するということは，事業体で定められたリスク選好の範囲内において，積極的に大きなリスクをとってパフォーマンスを向上させることを志向するカルチャーを示すことになります。

さて，ERM フレームワークにおけるリスクテイクという切り口で「企業文化」を考察してみました。どれだけのリスクをとるべきかを客観的に評価するというアプローチは，伝統的な日本企業の多くはあまり採用してきておらず，今後の課題としてリスクアペタイト対応の検討を開始している企業も多く見受けられます。

---

[2]　COSO "Enterprise Risk Management - Integrating with Strategy and Performance" (June 2017)

視点 03 のまとめ

　不正リスクはとってはいけないリスクです。従って，不正が摘発されるか
もしれない不確実性と事業上の不確実性を同質とみることは適切ではありませ
ん。しかし，リスクテイクに対する積極的な姿勢と慎重な姿勢は，企業文化の
本源的なところにつながっているので，不正リスク評価に対して一定の示唆を
与えてくれます。事業上のリスクテイクに極端に積極的な姿勢の企業文化にお
いては，パフォーマンス向上のコミットメントが高いので，短期業績の達成に
おけるプレッシャーが大きくなる傾向があります。不正のトライアングルの動
機（本書視点 08 参照）に結び付きやすい企業文化といえます。一方，事業上
のリスクテイクに極端に慎重な姿勢の企業文化においては，当初予定した将来
像からの逸脱や変化を恐れ，社会のルールよりも悪しき企業内慣行や企業内部
の事情が優先される傾向があります。不正のトライアングルの正当化（本書視
点 10 参照）に結び付きやすい企業文化といえます。

視点03：「COSO全社的リスクマネジメント・フレームワーク（戦略およびパフォーマンスとの統合）」　**45**

視点04：職業的懐疑心を保持する

プロフェッションとしての心構えである職業的懐疑心

職業的懐疑心（professional skepticism）とは，探究心（questioning mind）と監査証拠に対する批判的評価（critical assessment）を含む監査プロフェッションとしての心構え・自制行動（attitude）です。このような職業的懐疑心の具体的内容は，外部監査人だけではなく，経営者，内部監査，そしてガバナンスを担う取締役会や監査役会のメンバーにとっても，その責務を遂行するうえで貴重な示唆を与えてくれます。

外部監査人は証拠の収集と客観的評価を誠実かつ高潔に行うために，財務会計と内部統制の専門職に要求される高度な知識，技能，能力を利用します。職業的懐疑心は，重要な記載誤り（不正意図があるなしにかかわらず）が発生するかもしれない兆候を示す情報や状況に対して，財務諸表の作成者側の経営者の偏向（バイアス）だけでなく，監査人においても無意識のままバイアスの影響を受けている可能性を前提におきながら，監査チームメンバーを常に油断なく注意を払うように先導するために必要なのです。

仮説検証プロセスにおいて発揮される懐疑心ですが，やみくもになんでも疑えということを意味するものではありません。適切な特徴を適切に扱い，常に別の可能性がないかを考え，誤りに陥ることなく，公平で合理的

な判断を行うために，ニュートラルな視点が保持できているかどうかに留意することが重要です。

職業的懐疑心を強化する

　職業的懐疑心の内容は公認会計士の国家資格試験の勉強などの座学によっても理解できますが，職業的懐疑心を実際に育てるのは現場です。若手の公認会計士は，①コーチング，オンザジョブトレーニング，活発な監督を増加させること，②被監査会社との会議への参加機会を増加させること，③職業会計人としての判断の論拠を説明し文書化することを助長すること，そして④被監査会社との継続的なコミュニケーション，により職業的懐疑心の強化を図っています。

　以下，職業的懐疑心を発揮すべき局面と留意点について考察します。

◎職業的懐疑心は監査プロフェッションのマインドセットとして必須

　職業的懐疑心は「あと知恵（結果論）」ではなく，監査進行中におけるマインドセット（思考態度，mindset）です。外部監査人は，リスク評価プロセスの過程において，重要な職業的判断を必要とする重要な記載誤りのリスクを特定し，それらのリスクに対して適切に対処するための監査手続を慎重に設計しなければなりません。

　しかしながら，被監査会社のリスクは決して静的（static）なものではないことを理解しておかねばなりません。つまり，外部監査人は入手した監査証拠に基づいてリスク評価を継続的にアップデートし，監査手続きの適切性を定期的に再考しなければならないということです。人間の自制行動は長年育った環境の影響を受けているため容易には変わるものではありま

せん。監査チームの上席者は，監査専門職員の育成と監督をして，職業的懐疑心の発揮がいかに重要であるかを，彼らの自制行動が変わるまで継続的かつ頻繁に伝達し，常に持ち続ける必要がありかつ絶対に妥協してはならないマインドセットとしてすり込んでいく必要があります。また，監査調書の作成者が適切な職業的懐疑心を発揮したことを監査調書に反映しているか否かを，監査調書の査閲者が評価しなければなりません。外部監査人の結論は，こうした職業的懐疑心への厳格な挑戦があって初めてたどり着くことができるのです。

◎職業的懐疑心はリスクレベルに応じた継続的な性質を持つ

職業的懐疑心はどんなケースにも対応できるフリーサイズ（one-size-fits-all）のコンセプトではありません。外部監査人の職業的懐疑心は，特定され評価されたリスクの性質，発生可能性および影響度の程度に応じて適応しなければなりません。つまり，監査証拠の充分性と適切性を評価する場合において，虚偽記載のリスクが高ければ高いほど，（特に矛盾した証拠がある場合は）より深い職業的懐疑心を発揮しなければなりません。重要な虚偽表示リスクに繋がる不正リスクファクターの識別には最大限の職業的懐疑心を必要とするからです。

◎職業的懐疑心は経営者の主張に対してチャレンジ（異議申立）すること

外部監査人としての責務は，経営者の統制活動の有効性や財務諸表に記録された金額を支持することを目的とするものではなく，それらに挑戦し（異議申立），客観的に評価することにあります。

監査証拠を評価することは経営者の主張を支持する監査証拠を収集することと異なります。監査証拠に利用される適切な文書などを提供することは経営者の責務です。

一方，外務監査人の責務は，探究心（questioning mind）を利用しながら証拠を集め評価することであり，質問によって得られた証拠だけでは一般的に結論を導くには充分ではありません。経営者の主張に対して矛盾する証拠が存在する場合，経営者の主張を支持する監査証拠が十分で説得力があると結論付けるためには，一般的にすべての関連する証拠に対する検証に加え，徹底的な挑戦（異議申立）が要求されます。

◎矛盾する証拠に対しては職業的懐疑心を発揮して適切な評価を下す

外部監査の監査基準は矛盾する証拠に注意を払い評価することを求めています。矛盾する証拠を適切に特定するためには，関連する重要な虚偽記載リスクを十分に理解することが必要となります。矛盾する証拠は監査のリスク評価，計画，実行，結論のあらゆる局面で発見されます。

矛盾する証拠とは，例えば，外部統計資料等によれば製品市場全体が不調にもかかわらず当社の売上が伸びている，革新的イノベーションで差別化した同業他社が売上を伸ばしているのに当社の売上が減少影響を受けていない，実地棚卸で確認した在庫が前期より増加しているのに当社の売上が減少していない，などが架空売上に関係するものとして挙げられます。何らかの個別事由があるかもしれませんが，慎重な調査が必要なエリアとなります。

また，矛盾する証拠は内部統制の整備運用の有効性に関連し，あるいは財務諸表項目の適切性にも関連します。従い，矛盾する証拠が検知されたら適時適切に評価しなければなりません。外部監査人が入手した監査証拠は関連するリスクが高ければ，その説得力も高くなければなりません。特に，矛盾する証拠が不正会計につながる重要な虚偽記載のリスクに関連するものである場合は，より一層の注意が必要となります。

◎正しいスキルセットを有するプロフェッショナルが監査に関与する

　適切な知識と専門的技術を有するプロフェッショナルの関与が職業的懐疑心の向上につながります。重要な虚偽記載のリスクを特定・評価し，経営者バイアスと矛盾する証拠を含む関連する監査証拠の評価をするためには，監査チームは適切なスキルと専門的技術を有していなければなりません。適切な業界知見を有するプロフェッショナルと内部専門家の関与は有効な監査における必須項目です。こうした関与は，監査の実証検証ステージにとどまらず，経営者バイアスと矛盾する証拠への対応を含め，リスク評価活動，内部統制のテスト，および評価の段階においても適切な配慮が必要となります。

視点 04 のまとめ

　懐疑心とは，財務諸表の作成者側である経営者の偏向（バイアス）だけでなく，監査人においても無意識のままバイアスの影響を受けている可能性を前提におきながら，常に油断なく注意を払うよう要求される自制行動です。

　人は（監査人を含め）バイアスに無防備で，脆弱であり，不正意図を持った人からのバイアスにとても影響されやすいのです。個人レベルのバイアスならまだしも，集団状況に固有のバイアスにおいては，すぐに自身を見失ってしまいます。

　そのための判断の拠り所や自身を戒める基軸を自分以外の場所に備えブラッシュアップすることが必要です。外部監査において審査制度や組織的監査が常識となっているのは，このような複雑な環境において客観的な評価を行うために必要だからなのです。

　外部監査人に限らず，ガバナンス組織に外部の視点を入れることは，バイアスに対する軸の歪みを整えるうえでも，組織を活性化させる意味においても有用です。取締役会に独立社外役員を招致したり，内部監査部門に外部独立評価を定期的に受けたり，実務においてもガバナンスに客観性や懐疑心を取り入れる傾向は高まっています。

視点05：経営者の偏向（バイアス）の存在を常に疑う

偏向（バイアス）とは

　経営者は，財務諸表作成における重要な会計上の見積りに影響する多くの判断や前提事項に対して責任を有しています。粉飾決算の多くは，これらの見積りにおける故意の虚偽記載を通して実行されます。公認会計士監査において，監査人が仮説を立てた監査証拠によって裏付けされた見積りと財務諸表に含まれる見積りの相違がある場合，その相違が経営者の偏向（バイアス）によって歪んだ部分を示しているのではないか，外部監査人は慎重に検討しなければなりません。

　偏向（バイアス）とは，特定の思想から生ずる考え方の偏りのことです。この特定の思想が故意に結果を歪める意図（不正目的）を有するものである場合，これを経営者の偏向（バイアス）と呼びます。一方，この特定の思想が，虚偽や騙す意図を持たない場合には，様々な要因で多くの人間が犯しやすい認知バイアスと呼びます。財務諸表監査の世界においては，経営者の偏向（バイアス）と認知バイアスのいずれのバイアスも，正しい見積り（正解）からの歪みを生み出す悪ととらえ，それが内在するリスクに対して職業的懐疑心が向けられます。

不正会計における経営者の偏向（バイアス）の機能の仕方

　不正会計の多くは重要な見積もり要素に対して経営者の偏向（バイアス）が影響していると説明しましたが，具体的にはどのようなアプローチで財務諸表における数値の粉飾・偽装にたどり着くのでしょう。

　例えば，金額的影響が大きいため粉飾決算の材料に使われがちな，減損会計を例にとりましょう。経営者は，様々なプレッシャーにより減損を回避したいと考えることがあるかもしれません。逆に，必要がない減損を認識して翌期のＶ字回復に備えたいと逆粉飾を考えることがあるかもしれません。減損判断に必要な企業価値評価の前提事項は，将来キャッシュフロー，加重平均資本コスト（WACC）に内在するリスクフリーレート，マーケットリスクプレミアム，カントリーリスクプレミアムなど，様々です。それぞれの前提事項に絶対的真実はなく，選択にあたっては合理的な判断が要求されます。仮に，減損を回避するために故意に結果を歪める意図（不正目的）が影響すると，将来キャッシュフローが増える方向に合致する証拠を重く見たり，将来キャッシュフローが減るという証拠を隠蔽したり，軽く見たりします。また，WACCを下げれば企業価値は増えますので，金利を下げる方向に導く証拠を重く見ます。金利が下がれば景気が悪くなり将来キャッシュフローは減少する傾向になるので，将来キャッシュフローが名目ベースと実質ベースのどちらなのか，WACCを実質ベースに変更する必要はないか，逆相関が起っていないかに留意が必要です。このように経営者の偏向（バイアス）は高度な見積もりの領域において機能し，事実かどうかという白黒ではなく合理性を争うことになるので，外部監査人は厳しい判断が迫られます。

直感についての一般的仮説

　バイアス（bias）とは認知における偏りを意味しますが，ダニエル・カーネマン氏（Kahneman, D., 心理学者，プリンストン大学名誉教授，2002年ノーベル賞経済学賞受賞（心理学的研究から得られた洞察を経済学に統合した功績による））が提唱するプロスペクト理論（効用（満足度）を決めるのは「変化」であって「状態（富の絶対量）」ではないという理論）における「直感についての一般的仮説」によって，人間の信念や決定において見られる系統だったバイアスの多くに説明がつきます。

　私たちの生活や職場における認知活動の多くは直感によってなされています。非常に洗練された人間のスキルですが，系統だったバイアスやエラーを犯してしまう傾向があります。また，この直感からくる最初の印象や判断は，たとえそれがエラーであっても糾すことが容易ではありません。

　知覚には2つの重要な特性があり，それぞれが直感的判断や選択に影響を与えています。最初の特徴は，"知覚表象は，変化するもの。前とは違っていることに何よりも集中し，状態が同じであれば，そういう物事は基本的に無視する[1]"ということです。目から脳に伝えられる情報のほとんどは変化する物事についての情報であり，目に見えるものも，現在の刺激と過去の刺激との差異によって決まるようです。

　特に不正会計という視点で重要なポイントは，不確実な状況で人が選択をする時の「損失回避性」です。この損失回避性は，"現状維持をしようと

---

[1]　ダニエル・カーネマン著，友野典夫監訳，山内あゆ子訳『ダニエル・カーネマン　心理と経済を語る』楽工社（2011年）

いう方向に強力なバイアスを引き起こします。今いるところを選ぶか，今いるところから変わるかを選択する場合，損失回避性が，人が意思決定する時に変わらないことを選ぶ大きな要因の1つになっている[2]ということです。有利な点よりも損失や不利な点における変化の方が際立つのです。

　もう1つの知覚の特性は，足し算をすべき時に平均値を求めてしまうことです。"重要な決定や選択のタスクの多くは，ある一組のグループの中の価値の合計をどう評価することにかかっている。しかし，グループに含まれる価値の合計は直感的にはわからない。しかし平均値は直感的にただちに分かるので，そうしたタスクを直感的に行うと，系統的にエラーを犯す傾向が強い[3]"ということです。

バイアス（bias）とランダム誤差（random error）との違い

　財務諸表監査の世界においても最初に配慮しなければならないのはバイアスの存在です。バイアスを除去しないと，真実から離れた場所で議論になってしまい，財務諸表の適正性の判断や重要性の判断に大きな歪みが生じてしまうリスクを残してしまいます。

　まず，バイアスの性質を理解するうえで，ランダム誤差（random error）との違いについて理解しておく必要があります。バイアスとは系統的（計画的，規則的）に発生するもので，ランダム誤差とは偶発要因により発生

---

[2] ダニエル・カーネマン著，友野典夫監訳，山内あゆ子訳『ダニエル・カーネマン　心理と経済を語る』楽工社（2011年）

[3] ダニエル・カーネマン著，友野典夫監訳，山内あゆ子訳『ダニエル・カーネマン　心理と経済を語る』楽工社（2011年）

▶ バイアスとランダム誤差

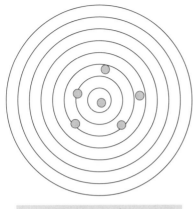

(A) 誤差は大きいがバイアスは小さい推定

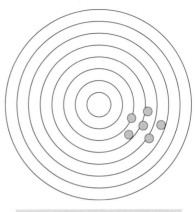

(B) バイアスは大きいが誤差は小さい推定

するものです。

　上図の弓矢の的は，真の値（母数）に比べてどのようにばらつきが生じるかを示しています。(A) のアプローチは正しいが精度が低いといえます。一方，(B) の精度は高いのですがアプローチがゆがんでいるといえます。バイアスの除去と誤差の縮小はいずれも財務諸表監査において重要な課題ですが，不正会計の存在を仮定する場合，バイアスを取り除くことを優先して考えるべきです。

　外部監査人は経営者バイアスの存在可能性を，外部監査の基準に従い，適切に評価しなければなりません。経営者バイアスには，意図的なものと非意図的なものがあり，正当性がある適切なものと不適切なものが存在します。バイアスは財務諸表の個別勘定，個別アサーション，あるいは総体として重大な影響を及ぼす可能性があります。仮に比較的軽度なバイアスだとしても結果として重大な影響（損益が営業赤字から営業黒字に変わる，少額の修正で目標収益を達成できる，など）を及ぼしうることにも留意が

必要です。外部監査人はその責務として経営者バイアスに常に留意し，その存在がありうることを前提とした監査手続きを整備し，かつ検知された場合には客観的に評価し，適切に対処する必要があります。

認知バイアスとヒューリスティックス

　元来，人間は意思決定に必要な情報の「すべて」を処理することは不可能です。そこで，厳密に解を導き出すアルゴリズムと対比して，便宜的な手続きとしてヒューリスティックスという近道（shortcut）のアプローチが生まれました。その本源的な限界ともいえる認知バイアスについて説明します。

　バイアスは財務諸表の作成者だけでなく，外部監査人にも影響を与えているケースがあります。外部監査人は，監査人の職業的懐疑心に基づく監査作業において悪い影響を無意識に与えうる監査人バイアスを意識する必要があります。そこには，監査人バイアスが経営者バイアスを見逃してしまう危険性が存在します。個々の経験，傾向，個人的事情はそれぞれ固有のバイアスを生み出し，監査作業におけるリスク特定と検証手続きの双方において検知されます。

　外部監査人はこうした自身に内在する監査人バイアスを意識するとともに，監査に不適切な影響が及ぶことを防ぐために，適切な安全対策（safeguard）を講じる必要があります。そのためには，監査人バイアスがどのような形で，そしてどのような局面で発現するかを理解しておかねばなりません。

　ところで，不確実な企業環境における企業経営と同様に，あるいはそれ以上に，軍事プロフェッショナルは不確実な条件における重大な判断がま

すます求められるようになっています。そうした環境下，認知バイアスに
よって判断ミスが起こるかもしれないので懐疑心をより高めるべきである
と米国陸軍に提言するリサーチペーパー[4]が発行されています。このリサー
チペーパーはヒューリスティックスとバイアスについて包括的な解説を
行っています。リサーチペーパーが紹介している各種バイアスを参考に，
財務報告における影響を考察してみます。

◎ヒューリスティックス（heuristics）

　万能ではない人間の脳の限界を補うため，限定的な時間内で限定された
能力を利用する手続きとして“精神的簡便法（mental short-cuts）”として
ヒューリスティックスと呼ぶ方法を生み出しました。ヒューリスティック
スは時間的制限や情報量的制限にもかかわらず正解に近い値を得られるこ
とがあるという利点があります。

◎利用可能性ヒューリスティックス（The Availability Heuristics）

　利用可能性ヒューリスティックスは，将来事象の頻度や確率を推定する
場合，利用可能性が高い（入手しやすい，過去の記憶のサンプルが多い）
情報を基礎に，将来においても同じことが起こるとより信じがちになる，
という前提です。

　例えば，A部門の製品とB部門のサービスで，どちらのクレームが多い
かとの判断において，自身の環境においてネガティブな情報発信の頻度が
多い方のクレームが多いはずだとのバイアスがかかります。得られている

---

[4] Janser, M.J. "CIVILIAN RESEARCH PROJECT / COGNITIVE BIASES IN MILITARY
DECISION MAKING," United States Army, USAWC CLASS OF 2007 (June 14,
2007)

情報が母集団全体を代表していると過大に評価する傾向があります。

◎代表性ヒューリスティックス（The Representative Heuristics）

　代表性ヒューリスティックスは，1つの性質を必然的に類似案件にも適用しようとする傾向です。つまり，類似性の判断が必要な確率判断のための近似値として利用されるということです。

　例えば，売上が好調な特定国の特定製品市場で，新規製品を投入した場合，売れ筋製品の典型的な特徴を備えていることから，新規製品も順調に売り上げが伸びているはずだとのバイアスがかかります。人は主観的に類似性を判断し，同じ性質を持っていると過大に評価する傾向があります。

◎係留性ヒューリスティックス（The Anchoring Heuristics）

　係留性ヒューリスティックスは，意思決定する際に，先行して得た情報に現れた特定の特徴を過度に重視し，後の情報に基づく判断が歪められる傾向です。

　直感，知覚の特性には，変化注力・状態無視，損失回避性，現状維持，平均値志向があります。そして，与えられた初期値（直感）が錨（アンカー）のような機能を果たし，人の思考がそこに縛り付けられている様子からアンカリング効果と呼ばれるのです。

　これらの知覚の特性は，変化を嫌い，現状維持を志向しがちな日本の企業文化において特に顕著な特性といえます。価値の総和が増加することに対しては不確実性を理由に思考が停止し，新たな変化による平均値の低下（既得権が薄まる，迷惑を被る）と不安の増幅に対してはとても大きな抵抗を示します。

◎認知バイアス（Cognitive Bias）

　これらのヒューリスティックスは生き残るために人間に与えられたものです。しかし，すべてにおいて必然的に発生するものではなく，簡便法（shortcut）は便利なソリューションではありますが完璧ではありません。正解に近い値を得られる場合もありますが，正解から大きく外れる場合もあります。この"大雑把に見積もる（rules of thumb）"アプローチは，大体の場合においては正しい回答かもしれませんが，時間をかけて調査すると誤った回答になるかもしれません。"大雑把に見積もる（rules of thumb）"ことの本源的な限界を理解することは意思決定プロセスの有効性の向上につながります。

◎自信過剰バイアス（The Overconfidence Bias）

　特定のトピックについて知っている人が少ないと，特定のトピックの知見における自信が増します。一方，特定のトピックについて知っている人が多いと，特定のトピックの予想における自信が減少します。自信とは自分を信じることで，これを磨き，大切にすることは素晴らしいことですが，度が過ぎて「過信」に至ってしまうと自身の考えを正当化するバイアスがかかるようになります。

◎標本抽出バイアスに対する無感覚性
（The Insensitivity to Sample Size Bias）

　手持ちの情報から「真」の値（母数，集団の傾向を表す数値）を計算することを，統計学的には推定（estimation）といい，サンプリング手法が使われます。ランダム抽出が母集団の縮図として有効であるための条件は，標本サイズが十分に大きいこと（ランダム誤差の問題）と抽出バイアスがないこと（バイアスの問題）となります。

バイアスとは系統的（システマティック）に生じるもので，ランダム誤差は偶然の要因で生じるものです。バイアスの除去と誤差の縮小はいずれも重要ですが，量的な調査・分析の世界においても，財務諸表の監査の世界においても，一般にはバイアスを取り除く方がランダム誤差を縮めることより優先されます。

　標本抽出バイアスとは，母集団には入っているがなんらかの一定の傾向を持っているという理由で抽出枠からは外れることを言います。

　サンプリング手法におけるバイアスは客観的な評価を志向する財務諸表監査において致命傷になりかねません。リスクベースアプローチが要求される環境下，監査人の高度な判断により抽出枠を絞って監査手続きの深度を強化する傾向があります。サンプリング抽出枠から外れた取引事象に不正会計の痕跡が残っているリスクを監査人は背負うことになります。こうした事情から，サンプリングによる検証から全データを母集団とする分析へ転換すべくデータアナリティクス手法の導入が進められています。

◎相関関係の思い込みバイアス
（The Illusionary Correlation Bias）

　過去のイベントと将来のイベントとの相関を検証する際に起こす誤りです。

　過去に2つのイベントが同時に起きた事実がある場合，将来の2つのイベントの同時発生における相関関係を過大評価してしまう傾向があります。例えば，過去に製品の価格を値上げした時に売上が下がったが，その後消費者に新しい価格が受け入れられて売上は回復したという事実がある場合，将来における価格変更による売上減少も同じように一過性のもので回復可能であると過大評価してしまうような傾向です。

◎記憶の引き出しやすさのバイアス
（The Retrievability of Instances Bias）

　過去のイベントの思い出しやすさに関連するバイアスは，過去のイベントの大きさに影響されます。人生において同じ量の時間を要したイベントであったとしても，なんらかの理由で過去の特定イベントを他のイベントより容易に思い出すことができることにより，個人は将来に関わる判断においてその過去の特定イベントを無意識により重要視します。

　例えば，欠陥製品のリコールも製品の産地偽装も，企業のレピュテーションを大きく棄損し事業継続に影響する不祥事ですが，両事案の解決を経験した人であっても，当時の苦労の度合いや，被害者からの反応の強さなどにより記憶の印象は異なり，どちらか一方のリスクを過大評価してしまうような傾向です。

◎エスカレーション・バイアス（The Escalation Bias）

　エスカレーション・バイアスとは，個人的なコンフリクト（利害関係）が存在する案件において，自身が下した過去の間違った判断は正しいという信念の下に，自身の決意を"エスカレート（増大）"する方向の行動をとることです。

　例えば，特定の海外投資案件において，当初予定した利益を獲得できず投資規律において本来撤退すべき状況にあるにもかかわらず，投融資担当の役員は，自身の過去の判断が正しいという信念のもの，撤退しないだけではなく，さらなる追加出資を受け入れ，自己正当化を図ってしまうような傾向です。

視点05：経営者の偏向（バイアス）の存在を常に疑う　**63**

◎ブレーク・イーブン・バイアス

（The Break Even Bias ／ The Seeking Pride Bias）

知覚特性の損失回避性は現状維持をしようという方向に強力なバイアスを引き起こします。ブレーク・イーブン・バイアスは，過去の失敗による損失を回復する自尊心を確保するためのバイアスでもあります。このバイアスは，損失の状況においてはリスクテイクの傾向があり，逆に利益の状況においてはリスク回避的になります。

最初は小さな損失であっても，損失を挽回するために過度のリスクをとり続け，結果としてコントロールできない巨額の損失に膨らみ，不正会計スキャンダルにつながった例も散見されます。

◎スネーク・バイト・バイアス（The Snake Bite Bias）

最初の散々な結果による損失が小さいうちは，ブレーク・イーブン・バイアスが機能するかもしれませんが，結果として自分では対処できない大きな損失となった場合には違う傾向が現れます。最初の好ましくない決定がとても強い否定的な感情的経験としてトラウマを形成し，将来の決定に過度に用心深くなる傾向もあります。

◎後悔恐怖症バイアス（The Fear of Regret Bias）

後悔恐怖症はブレーク・イーブン・バイアスのような損失を挽回するための自尊心を求める傾向とは反対に，そもそも損失を被って後悔しないように行動する傾向です。人は過去を振り返り，行動を起こさなかったことを後悔し，失った機会のことを考えます。

例えば，株価が下がってから株式を売却するより，株価が上がってから売却する投資家が過半数を超えるようです。株価が後により下がった時の後悔を避けるための行動です。

◎確証バイアス（The Confirmation Bias）

　仮説を検証する際に，自己の主張を裏付けるポジティブな証拠は無批判に受け入れ，自己の主張に反するネガティブな証拠は無視あるいは批判的に見る傾向のことをいいます。

　例えば，繰延税金資産の回収可能性の判断は，会社の税務戦略に大きく影響を受けます。税務戦略は特定目的のために税務ポジションを変えていくことですが，それを実現するための意図と能力が必要となります。特に会社能力の十分性を評価するには，公平公正にポジティブな証拠とネガティブな証拠を集めて，客観的で合理的な判断が必要となりますが，ここに確証バイアスが介入するリスクが存在します。

　確証バイアスは，財務諸表の作成側だけではなく，財務諸表の監査を行う監査人の側にも無意識のうちに生じている危険性があります。かなり悪質の不正会計スキャンダルであっても，巧みに仕組まれた詐欺というより，無意識のうちに偏った監査人の判断により監査の失敗を招いたケースも多いのです。自己奉仕的バイアス（self-serving bias）と呼ばれることもあります。

　公認会計士監査は，明確な監査基準に準拠して難解な数値の確からしさを判断しており，バイアスとは無縁の領域のように思われるかもしれませんが，実際には，情報や事実の認定，会計基準書の解釈，見積もりの判断領域などにおいてバイアスの介入する領域は多く，審査プロセスを含む品質を担保する組織的監査体制が近代監査の常識となっているところです。

その他の環境に関連するバイアス

　認知バイアス以外にも，生まれながらの能力や経験だけでは克服できな

視点05：経営者の偏向（バイアス）の存在を常に疑う　**65**

い環境上のバイアスというものが存在します。

◎グループ意思決定

　適切な専門家の意見を確認するプロセスは，判断を行ううえでとても有用です。一方，グループ意思決定は，グループに内在する潜在的な普遍的判断の傾向により，判断プロセスにおける重要なプロセスを無視させることがあります。結果として，視野の狭い考察を志向し，多面的な検討や多様な見解の排除を招き，不合理な判断を導いてしまいます。

◎非開放的コミュニケーション環境

　開放的コミュニケーションへの障壁や，適時に情報を共有することを拒む環境は，情報共有に対する重大な妨害要素であり，不適切な意思決定を招くリスクに晒されます。

◎時間的プレッシャー，厳しい期限，限定的な活動予算

　時間的プレッシャー，厳しい期限および限定的な活動予算は，特定リスクの不足，拙速な判断，代替案の検討不足といった状況を作りだします。実務的に多くのケースにおいて散見される問題点です。特に，取締役会などの重要な会議体になればなるほど検討協議の時間は非常に制限的ですので，判断案件を絞り，十分な時間を確保したうえでの慎重かつ十分な対応が望まれます。

視点 05 のまとめ

　財務諸表の作成者や監査人の判断に介在する様々なバイアスについて考察しました。これらのバイアスへの対応方法としては，まず，こうしたバイアスがみなさんの判断において看過できない重要な影響を及ぼすことを認識してください。また，人は（監査人を含め）バイアスに脆弱であり，不正意図を持った人からのバイアスにいかに影響されやすいかを理解してください。最後に，職業的懐疑心を十分に発揮することが重要です。仮説検証のプロセスにおいて，常に多面的な検討に心がけ，代替的方法を模索し，専門家の意見や見積もりを鵜呑みにせず，バイアスの存在を疑う目を持って対応することが肝要なのです。

視点06：判断の合理性を評価する

取締役の判断業務

　取締役の善管注意義務が具体的に問題となるケースとして以下の2つの場合が挙げられ，その前提となる経営判断の原則と信頼の原則をしっかりと理解しておく必要があります[1]。

- 取締役自身の業務執行に関する判断に誤りがあった場合
- 他の取締役，使用人の業務執行に対する監視，監督等を怠った場合（会社法上，明文の規定は存しないが，取締役は，一般に，他の取締役等の業務執行一般につき，これを監視し，必要があれば，取締役会を自ら招集し，あるいは招集することを求め，取締役会を通じて業務執行が適正に行われるようにする等の義務（いわゆる監視義務）を負うと解されている）

　ただし，取締役の業務執行によって会社に損害が生じた場合に常に取締役の責任を問うことは必ずしも適切でないことから，裁判例においては，経営判断の原則や信頼の原則の基準により，当該責任が一定程度限定され

---

[1]　日本弁護士連合会「社外取締役ガイドライン」（2015年3月19日改訂）

ています。

① 経営判断の原則：具体的な法令違反がある場合，会社の利益を図る目的でない場合，取締役の個人的利害関係が存する場合等の例外的な場合を除き，取締役自身の業務執行に関する判断に誤りがあった場合における善管注意義務違反の有無を判断するに際しては，(1) 行為当時の状況に照らし合理的な情報収集，調査，検討等が行われたか。(2) その状況と取締役に要求される能力水準に照らし著しく不合理な判断がなされなかったか，という基準が採用され，これが満たされていれば，取締役の判断が一定程度尊重される傾向にある。

② 信頼の原則：取締役自身の業務執行の場合の経営判断の原則の適用に関して，情報収集，調査，検討等に関する体制が十分に整備されていれば，取締役は，当該業務を担当する取締役・使用人が行った情報収集，調査，分析等の結果に依拠して意思決定を行うことに当然にちゅうちょを覚えるような不備・不足があるなどの特段の事情がない限り，当該結果に依拠して意思決定を行えば足りる。また，他の取締役・使用人の業務執行に対する監視，監督等の場合も，リスク管理等に関する体制が十分に整備されていれば，他の取締役・使用人の業務活動に問題のあることを知り，又は知ることが可能であるなどの特段の事情がある場合に限り，これを看過したときに善管注意義務違反が認められる。

このように取締役の業務執行における判断は，経営判断の原則や信頼の原則等の基準により当該責任が一定程度限定されています。

不正会計問題を引き起こす財務諸表の虚偽記載は，財務諸表の作成に含まれる主観的判断，見積り要素，および重要性を濫用して実行されることが多く，ここにも判断の要素が介在します。

人間の下す判断は様々な環境要素の影響を受けますので，判断の合理性を評価することはとても難しいことです。不正会計における各局面における判断の合理性を公認会計士はどのように評価しているかは，ガバナンス

70

を担う方々にとっても有用な情報になると思われます。

　財務諸表の作成者である企業とそれを監査する外部監査人は会計基準の基礎となる原理原則に従った行動が求められます。そして，その原理原則の趣旨に従い，実在する資産・負債や実際に発生した取引の本質を見極めて，経済実態をよりわかりやすく表現する方法で（fair presentation），財政状態と経営成績を財務諸表に反映しなければなりません。しかし，現実に発生する取引事象は多種多様であるため，すべての事象に対応した細則を備えることは現実的ではありません。そこで，最近の会計基準は囚人服のようにがんじがらめではなく，合理的判断を条件として一定の裁量の余地を与えています（原則主義）。

　会計基準に与えられた裁量余地は，企業の財政状態や経営成績を実態よりも有利に表示したい等の経営者の偏向（バイアス）に晒されます。実務上に特に問題となる領域が会計上の見積もりです。経営者の偏向（バイアス）が排除され合理的な会計判断になっていることをいかに評価するかが，企業会計の実務と外部監査人の職業的懐疑心の発揮において大きなチャレンジになっています。

　一口に会計判断といっても実務においては非常に多岐にわたります。膨大な会計基準の中から対象事象に関係するものとしてどのルールを選択し適用するか，また会計基準の適用においていかに見積もり，どのような根拠（evidence）を基にすべきなのか，実務における悩みは尽きません。この悩みは外部監査人も抱えています。会計判断が複雑であれば監査判断も複雑になるからです。会計判断における合理性の評価における考慮事項を示すことは，企業会計の実務における効率化につながり，外部監査人の職業的懐疑心の発揮の深化にも役立ちます。さらには，財務報告における開示のさらなる透明性（transparency）を確保することで，会計判断が批判的に見られる取引や見積もり等の前提事項を投資家に理解させることに大き

視点06：判断の合理性を評価する　**71**

く貢献することになります。

　会計判断に対する評価は，誠実性を大前提においた，批判的かつ熟考したものでなければなりません。また，緻密で思慮深くかつ慎重な方法が要求されます。会計判断の合理性を評価する際に考慮すべき事項を次に掲げますが，経営者は財務諸表の作成過程において，外部監査人は監査判断の過程において，すべての考慮事項が適切に配慮されるようにコントロールを効かせることが肝要です。

会計判断の合理性を評価する際に考慮すべき事項

　会計事象に係る判断の合理性を評価するための材料は様々ですが，The SEC Advisory Committee のレポートによれば例えば以下の項目が挙げられます（抄訳枠内）[2]。

> １．取引の分析（取引の実体と事業における必要性を含む）
> ２．合理的に入手可能な重要な事実（財務諸表を発行した時点において）
> ３．関連文献の調査と分析（関連する根本原則を含む）
> ４．代替的見地または見積もりの分析（合理的代替案の長所・短所を含む）
> ５．選択肢を選んだ理論的根拠（その代替案と見積もりを選んだ理由，投資家の情報ニーズに対する理論的根拠と適格な第三者による判断との関係）
> ６．選んだ代替案と見積もりの，取引の実体と事業における必要性および評価される課題との関連

---

[2]　The SEC Advisory Committee "Final Report of the SEC Advisory Committee on Improvements to Financial *Reporting* to the UNITED STATES SECURITIES and EXCHANGE COMMISSION" p.95（August 1, 2008）

7．適切なレベルの職業的専門知識を有する者から入手した情報のレベル

8．代替案と見積もりの実務において認識している多様性の考慮

9．疑似取引に適用した代替案

10．利用した前提事項とデータの適切性と信頼性

11．判断の考慮に要した時間と努力の量的な妥当性

　これらの事項を考慮するに当たり，文書化，開示，職業的専門家からの情報，判断を行ううえでの努力の深度は，判断を要する取引や課題の複雑性，性質（定型か非定型），重要性などによって異なります。

視点 06 のまとめ

　経済実社会において，すべての判断をアルゴリズム（コンピュータの計算手続きのようの厳密なアプローチ）で導き出すことなど不可能です。その点，人間の直感というのは，限られた時間と情報の中で正解に近い値を得られる場合もある便利なアプローチであり，合理性も認められます。しかし，重要な経営判断を直感に任せていては，判断が誤っていた場合の善管注意義務を問われるだけではなく，あまりにも無責任な経営により企業を私物化しています。

　昨今の厳しいガバナンス強化の潮流から，その時々の状況に応じた合理的な情報，調査，検討が客観的に実施されなければ，判断の合理性を挙証することは困難です。要求される能力水準も，外部の目線から判断されますので，上場企業の役員として備えるべき組織力（ヒト，モノ，金）と資質という視点から，不足している部分を補うべく外部専門家のサポートも活用すべきです。

視点06：判断の合理性を評価する　**73**

視点07：不正のトライアングルを理解する

不正と誤謬

　開示規則違反に係る課徴金事例を見ますと，未だに，売上業績に過度に重きを置く経営方針の下，売上至上主義が社内に蔓延し，管理部門が適切な役割やチェック機能を果たさないまま営業部門において売上の過大計上が行われ，さらに，他の役員等は不適切な会計処理を黙認するなどしていた事例が散見されています。売上至上主義に対する内部統制の機能停止と役員の黙認という構図は，正に，前のめりになっている執行とブレーキの利かないガバナンスの問題であり，不正会計を抑止する統制環境の整備が両者の関係を正常化することに繋がります。

　不正は犯罪と異なりその実行を隠蔽するところに特徴があるといわれます。また，その行為によって相手を騙す意図がある場合が不正で（証券詐欺など），意図がない場合を過誤・過失・誤謬と呼びます。不正の意図があるかないかは民事あるいは刑事の損害賠償責任の帰責性を問う際には重要なポイントです。一方，不正会計は企業内における職位維持のための自己保身を動機としている場合が多く，企業文化が不正実行を正当化しているので，財務諸表の利用者や投資家を騙してその犠牲の下に自らが得をしているとは決して考えず無意識である点がとても厄介です。ホワイトカラー犯罪の中でも粉飾決算というものは不正実行者の犯行心理がとても複雑な

75

のです。

　しかし，投資家ら財務諸表を利用するステークホルダーにとっては，不正意図があろうがなかろうが，株価や企業価値に甚大な損失を与えた重要な虚偽記載をもう二度と起こさせないことが将来に向けての最優先課題なのです。

　ゆえに，本書は，不正意図が確定できない潜在的なものも含めて不正を広くとらえ，かつ内部統制が機能しない経営者不正に焦点を当て，財務諸表における重大な虚偽記載である不正会計を抑止する環境の整備強化と守りのガバナンスを企業文化の視点から強化するための具体的な対応施策について不正のトライアングルの観点から考察します。

不正のトライアングル

　外部監査の監査基準においても言及される 3 つの不正リスクファクター（プレッシャー，機会，正当化）の 3 要素のことを「不正のトライアングル」と呼びます。不正実行者はプレッシャーに動機づけられ，内部統制の不備あるいは容易に無効化できる機会を利用し，そして，不正の正当化を可能にする企業文化によって助長されます。これらの 3 要素の存在が必ずしも不正の存在，可能性を意味するものとは限りませんが，不正発生の可能性を高めます。また，不正発生には，通常これらの 3 要素がすべて存在しています。

　この不正のトライアングルは職業上の不正行為者の本質を説くドナルド・クレッシー氏（Donald R. Cressey）の仮説を基本にしています。

> 信頼された人間がその信頼を裏切るのは,「他人に打ち明けられない経済的な問題を抱え(動機)」,「その問題が自分の経済的に信頼されている立場を利用すれば秘密裏に解決できることを認識し(機会)」,「自分が受けている信頼を,自分が委ねられている資金もしくは資産を利用することができるという考え方に転化し(正当化)」,その状況で自らの行動に適用できる場合である[1]。

　不正会計を抑止する視点で統制環境を強化するためには,様々なアプローチがあるとは思いますが,不正発生の可能性を高くする不正のトライアングルをいかに無くすかを考えることが最も効果的で効率的です。

◎要素１：プレッシャー, 動機

　プレッシャー自体は業務への肯定的な力になり得ます。ゴールが達成可能であれば,創造性,効率性,健全な競争の動機づけとなります。しかし,ゴールが非現実的な場合,普通の手段では達成不能です。このような状況においては,プレッシャーは恐怖心を生み出します。特に,ゴール未達が出世,給与に悪影響を及ぼす場合は当然ながら,継続雇用に悪影響が出る場合などはなおさらです。

　クレッシーは「他人と共有できない問題」の重要性を説き,その基本要素を以下の６つのカテゴリーに分けています。正に,職業上の不正行為者が悲痛な思いで感じている現代社会におけるプレッシャーそのものであり,会社における出世願望,地位の維持に関係しています。つまり,他人と共有できない問題が出世の妨げになっているのです。

---

[1]　日本公認不正検査士協会『2015年不正検査士マニュアル日本語版』(2015年)

視点07:不正のトライアングルを理解する　**77**

① 任せられた責務への違反

　　信頼された地位にいる人間はその地位に相応しい行動が義務付けられており，不名誉な品行の結果や借金を作ったりすることで，信頼を受けた地位を維持する資格がないと評価されないように，不正を起こす。

② 個人的な失敗による問題

　　会社から信頼されていた人物が，自分の判断ミスで引き起こされた問題に対して，自尊心を維持するために不正を起こす。

③ 経済情勢の悪化

　　インフレ，景気悪化など外圧によって引き起こされた問題に対して，信頼を受けた人物が，自分の地位に固執し問題隠蔽を図り不正を起こす。

④ 孤立

　　発生した問題を相談する信頼できる友人などがいない状況が自らを追い詰め不正を起こす。

⑤ 地位向上への欲望

　　誰もが裕福な生活を送りたいと望んでいるが，本人が望む生活レベルの人々との関係を維持するために必要な経済力や合法的な手段を持っていない場合に不正を起こす。

⑥ 雇用者と被雇用者の関係

　　自分の地位や待遇に不満があるが，転職は選択肢にない場合である。不当待遇の改善を申し出ることは現在の地位を脅かすことになるため，不正を起こす。

　不正会計の隠蔽がばれてしまうと，職を失い，退職金を失い，再就職も難しいという状況に陥ります。なぜ，そのようにリスキーな不正会計を実

行してしまうのか。ホワイトカラー犯罪の中でも不正会計はその動機が複雑です。不正会計は，組織内における自身の地位を守ることを目的として実行するパターンが多いのですが，単に給与やボーナスの水準を維持するというレベルの誘引ではないのです。日本においては，会社は自身が人生のほとんどの時間をともにするコミュニティであり，自身の存在意義を証明するアイデンティティを提供してくれる唯一の場所といっても過言ではないのです。そのコミュニティでの存在価値を失うことは，生きている価値を失うに等しいのです。

不正会計における誘因は，第三者の期待に応えるためのプレッシャーに係るものが多く，例えば，以下を含みます（ISA240 付録 1）[2]。

- 証券アナリスト，機関投資家，大口債権者又はその他外部者の収益性又は趨勢の維持に関する期待（特に，過度に挑戦的又は非現実的な期待）で，例えば，過度に楽観的なプレス・リリース又は年次報告書の声明において経営者が生み出した期待を含む
- 競争力を維持するための追加的借入又はエクイティ・ファイナンスを行う必要性（主要な研究開発又は資本的支出のための資金調達を含む）
- 取引所上場規則，債務の返済又はその他借入の制限条項に対する不十分な対応能力
- 企業結合又は契約裁定のような重要な未確定取引に関して，低調な財務結果報告で識別される又は実際の悪影響

---

[2] 日本公認会計士協会国際委員会訳　国際監査基準（ISA）240「財務諸表監査における不正に関する監査人の責任」（2007 年 9 月）

視点07：不正のトライアングルを理解する　**79**

◎要素２：機会

プレッシャーが厳しい場合においても，機会がないと不正会計は実行できません。不正会計の機会の多くは，内部統制の整備と運用における不備だけでなく，経営者による内部統制の無効化や従業員との共謀という本源的なリスクを原因とする会計システムとプロセスの脆弱性からも発生します。

他人にはいえない問題は，それを解決すべきとの圧力により不正実行の動機となりますが，銀行強盗などの犯罪と異なり，自分は逮捕されずにこの悪事を秘密裏に行うことができる状況にあること（機会）も重要なポイントとなります。

不正を促す機会には，一般的情報と技能的スキルの２つの要素があり，この２つの要素が整うと不正を秘密裏に実行できる環境が整うわけです。

一般的情報とは不正を実行できる可能性があるいう認識を抱かせる状況であり，内部統制が脆弱でモニタリングや職務分掌が十分でない状況や雇用主の信頼を利用できる立場などが含まれます。財務報告においては，重要な見積もりあるいは判断を必要とする財務諸表項目の存在自体が機会を創り出すことにもなります。技能スキルとは，不正を実行し隠蔽する能力そのものをいいます。

不正シナリオは数多く存在しますが，不正の手口は不正実行者が熟知している日常業務に関係する業務処理を利用する傾向があります。

一方，経営者不正による不正会計においては，内部統制に脆弱性がなくても，上席者であるという組織上の権限から，内部統制を無効化し不正を実行することができます。経営者不正における不正の機会としては，経営者の不正命令に対して「正しい行為ではないので従えない」と主張できる自制心が従業員に備わっていない状況です。

人は善悪を厳しく教わっていれば，つまり，社会の規範を自分の中に十

分取り入れられ，その罪の意識が十分に条件づけされていれば，罪の意識から，嫌悪感を抱かずに済む方法を採用し，違法行為を抑止，阻止することができます。罪の意識，道徳的反応は社会的な訓練によって人間が学びとるものであり，自分が育ったコミュニティで禁じられている行為を通じて「芽生える感情」なのです。そもそも犯罪行為などといった非常に複雑な人間行動を合理的に予測することは不可能です。個人が各々独特の反応は様々で，セルフコントロール，つまり自制心のレベルによって，ある一線を越えたり越えなかったりします。その時々において「正しい」行動に導いてくれるセルフコントロール（自制心）を形成させる必要があり，いかにして条件づけできるかを考えなければなりません。

　企業における従業員に対する罪の意識の条件付けは，企業行動規範，企業倫理を通して行われます。企業の目的をどのように設定しても，またいくら立派な企業倫理や企業行動を規範として明文化したとしても，自身が所属する企業にとって何が善い行いであるかを具体的に示す経営者自らの自制行動（behavior）が不正会計を厭わない姿勢であっては社会的に正しい行いを組織構成員に期待できるわけもありません。特定の企業コミュニティにおける善い行いが一般社会において普遍的に正しい行いとは限りません。こうした経営者の行動や判断はそれぞれの企業の伝統や文化にとらわれ大きく影響を受けていることを意識して企業ガバナンスの諸施策を進めることが大切なのです。

　不正会計における機会は，内部統制の欠陥に係るものが多く，例えば，以下を含みます（ISA240 付録 1）[3]。

---

[3]　日本公認会計士協会国際委員会訳　国際監査基準（ISA）240「財務諸表監査における不正に関する監査人の責任」（2007 年 9 月）

視点07：不正のトライアングルを理解する　**81**

- 事業体の業務運営の性質（ISA240 付録 1）
  - ▷重要な関連当事者との通常の営業過程外の取引
  - ▷監査を受けていない関係事業体との取引
  - ▷第三者間取引の条件ではない取引を可能にする特定の業界を支配する強力な財務上の影響又は能力
  - ▷主観的な判断又は裏付けの困難な不確実性を伴う，重要な会計上の見積りに基づく資産，負債，収益又は費用
  - ▷重要な，異常な又は極めて複雑な取引
  - ▷事業環境及び文化の異なる管轄区域の国際的な境界を越えて存在するか又は実施されている重要な事業
  - ▷明確な事業上の正当性がないと思われる，事業の仲介者の利用
  - ▷明確な事業上の正当性がないと思われる，租税回避地域における巨額の銀行口座又は子会社若しくは支店の運営
- 経営者の監視活動が有効でない（ISA240 付録 1）
  - ▷少数者の集団が，統制なしに経営を支配する
  - ▷企業統治を担う人達による監視が有効でない
- 複雑又は不安定な組織構造がある（ISA240 付録 1）
  - ▷支配的持分を持っている組織の判定が困難
  - ▷異常な法的実体，極めて複雑な組織構造
  - ▷上級経営者，顧問弁護士等の頻繁な交代
- 内部統制の構成要素が不十分（ISA240 付録 1）
  - ▷自動化された統制の監視が不十分
  - ▷高い離職率，有能ではない担当者の雇用
  - ▷内部統制に重大な欠陥が存在する

◎要素３：正当化

　不正会計の正当化はプレッシャーの副産物です。例えば，「四半期目標を達成すれば，私と*チーム*のボーナスに繋がる」という具合です。個人は一度きりの財務報告上の誤謬と信じて不正会計を意図的に実行し，次の会計期間に修正されるから罪は軽いと正当化を図ります。一方，誤謬が複合化し金額が大きくなると，不正会計による誤謬を修正することが難しくなり，隠蔽を継続しなければならなくなり，危険な領域（slippery slope）に陥っていきます。

　また，不正会計の正当化は利他的行為です。不正実行者は自分を犯罪者とは考えずに済み，信頼を受けている立場，会社における役職等を維持できるように正当化しなければなりません。本質的には犯罪ではなく既に正当化されている行為であり，問題は組織全体の無責任にあり自分が悪いのではない，と言い訳するのです。

　こうした不正会計は，不正実行が内部監査やガバナンスによる監視によって摘発されなかったという隠蔽の成功体験を一度でも得られると，次に不正動機が起こった時には不正を思い留まる自制心よりも摘発されないから大丈夫だという希望的観測が勝り，より放逸に流れます。つまり，不正の正当化は，不正実行の後ではなく不正実行前に既になされているのが一般的であり，不正実行の動機にもなるのです。

　このように不正が繰り返されると非常識が常識となり一種の文化を醸成します。積極的な倫理規範の欠如，悪いニュースを報告することを推奨しない企業文化が常態化していると，従業員は不正会計に気づいても報告せず，不正会計の正当化がより容易になってしまいます。結果として，正当化（言い訳）をしなくても不正を行うことに罪の意識を感じなくなり，自己保身のために真実を隠蔽し，自分を信じてくれている会社あるいは会社を信じてくれているステークホルダーを騙している，という意識は薄れて

いきます。悪気がなくなるという言い方ができるのかもしれません。ゆえに，昨今のホワイトカラー犯罪とも呼ばれる不正会計は罰則強化だけではなかなか根絶には至らないのです。

　不正会計における正当化は，多岐にわたり，例えば，以下を含みます（ISA240 付録 1)[4]。

- 経営者による不適切な倫理基準の伝達
- 非財務担当役員の会計方針選択，重要見積決定への介入，偏見
- 法規違反を理由とする損害賠償請求についての周知の事実
- 株価，利益の趨勢を維持，上昇させることに対する経営者の過剰な関心
- アナリスト，債権者等に非現実的な予想の達成を確約する経営者の慣習
- 経営者が内部統制の既知の重要な欠陥を適時に是正できない
- 節税目的から利益を最小限とする不適切処理に対する経営者の関心
- 上級経営者間の低いモラル
- オーナー経営者による個人的な取引と事業上の取引との混同
- 非公開事業体における株主間の紛争
- 不適切な会計処理を重要性を根拠として正当化しようとすること
- 経営者と監査人との緊張関係
- 少額な窃盗への寛容な態度（資産不正流用）

日本企業における不正会計の正当化は，日本独特の企業文化に起因する

---

[4]　日本公認会計士協会国際委員会訳　国際監査基準（ISA）240「財務諸表監査における不正に関する監査人の責任」（2007 年 9 月）

ケースが多いのです。すなわち，企業等を運命共同体と考え，企業体等の利害を何よりも優先し，ルールを絶対視せず会社都合を優先し，外部ステークホルダーの利害より悪しき企業内慣行と企業の屁理屈が優先し，という具合にすべては会社のためという正当化なのです。もともと社会全体の利害をも無視する危険性が高い文化であるといえるでしょう。

　不正の犠牲者を少なくするためには，特に不正会計に対する罪の意識が薄れる企業文化が広く醸成している会社においては，不正を抑止する統制環境の強化が要になるのです。

視点 07 のまとめ

　不正のトライアングルという言葉自体は世の中に浸透してきましたが，これら3要素を大幅に削減することにより前広に不正抑止環境を強化しようという動きはなかなか出てきません。実際に不祥事によるレピュテーションを毀損した企業においては，第三者不正調査委員会による提言などで，過度なプレッシャーを与える上司，モニタリングの欠陥などの内部統制の不備，不正の正当化を許す緩いカルチャーなどに一定の改善を試みていますが，抜本的に不正防止プログラムを見直すレベルには至っていません。そもそも誰も経営責任を取りませんし，問題の核心である企業文化にメスを入れることもありません。多くの経営者は，経営資源は有限であり，不正発生をゼロに抑えることは無理であり，不正発生は事故のようにコントロール不能なものと決め付けています。

　現在は，右肩上がりの高度成長期ではありません。問題点を課題として先送りしても解決（もしくはインパクトが小さくなる）には至りません。ステークホルダーからは経済社会に貢献する良い活動を正しい方法で行うことでの企業の持続的成長が期待され，ガバナンスと説明責任がますます厳しくなる環境にあります。規模にかかわらず不正や不祥事などが許容される寛容な時代ではないことをしっかりと認識すべきです。

視点08：不正の「動機・プレッシャー」となる誘因を無くす

過度に高い目標設定は百害あって一利なし

> **（根本原因）** 会社経営者が収益や利益などの財務目標を達成できない状況に直面すると，無能と思われて昇格の道を閉ざされてしまう，あるいは予定していた業績賞与が支給されない，といった事態を回避したいと考える。そこに，真実を隠蔽し目標を達成しているように見せかけたいという誘因が発生する。
>
> **（改善対応）** 有能な役員や管理職を不正誘引の罠から守るために，財務目標は非現実的で積極的過ぎる水準ではなく，合理的に達成可能な水準に抑えるべきである。また，人事考課における定量評価は不正動機に繋がりやすいので，定性評価の比重を高くする。

　会社が利益獲得のために経営資源を集中させることに何ら誤りはありません。利益は会社の長期的持続的成長と繁栄のための人材投資や事業投資の財源となりますし，株価の最大化は株式市場も望むところです。しかし，成熟した事業環境において，短期的視点において株価や利益を確実に稼得し続けることは至難の業です。今は，常に右肩上がりの経済成長を遂げていた高度経済成長の時代ではないのです。したがって，短期的視点におけるアグレッシブな目標設定は，経営者や従業員にとって想定以上に重いプ

87

レッシャーとなることを理解する必要があります。

　経営者は，厳しい事業環境だからこそ，発想を大きく転換し画期的で革新的な経営戦略を策定し経営を導いていく必要があります。しかし，高い目標を設定したからといって，イノベーティブな発想転換を追求するとは限らず，むしろ企業における自身の地位の保身や責任を逃れるために，目標達成を可能とするクリエイティブな不正会計，粉飾決算をあみだす方向へのプレッシャーの方が大きくなるのです。短期的視点において達成が現実的ではない目標数値を企業構成員の評価指標とすることや，企業目標として対外公表することは避けるべきです。

　プレッシャーとなる目標数値は財務諸表項目とは限りません。マーケットシェア，出荷数量，車の登録台数，車の燃費目標など，データを改ざんして実際よりもよく見せるために基礎となるデータを操作する不正がメディアで多く取り上げられています。その多くは，特定期間において繰り返し目標数値が引き上げられました。これらは，実際には実力を超える無理な引き上げであったにもかかわらず，「風通しの悪い企業風土」が意識されず，「できない」といっても無視され，かつ，ライバルに負けないように目標数値を達成することを抽象的に指示していたと報告されています。

　取締役には，法的責任と経営責任があります。法的責任は，会社に対する忠実義務・善管注意義務違反による損害賠償責任等，法的効果に基づくものです。一方，経営責任は，経営の結果に対する責任であり，法的な効果を持たないものです。取締役の経営責任はその判断の結果に基づいて負わなければなりませんが，いつその結果が明らかになるかは定かではなく，また誰の貢献あるいは誤判断によるものかも明確ではないケースもあります。したがって，当期においていくら稼いだか，当期においてどれだけ株式価値を上げたかは，経営者の本来のパフォーマンスとは直結しません。経営者の特定期間のパフォーマンスは，長期的視野から会社の事業価値を

いかに増幅できたかを問う経営判断のプロセスの品質により評価されるべきです。したがって，短期定量評価重視は，経営者の評価としてナンセンスであると同時に，目標数値達成の不正動機にもつながりやすいので，定量評価と定性評価の比率は慎重に検討すべきです。

相談役や顧問による院政は無用にして有害である

> **（根本原因）** 事業継続に疑義が生じた特定案件の起案責任者が元会長・元社長である相談役や顧問である場合，会社に対して社長報酬の何倍もの多大な貢献をしてきた元会長・元社長が行った特定案件の経営判断に対して，いずれ自分も同じ立場になる予定の相談役や顧問の機嫌を損なう批判は社長としては回避したいと考える。そこに，真実を隠蔽し特定案件の評価結果に問題がないように偽装し問題を先送りしたいという誘因が発生する。
>
> **（改善対応）** 社長在任中の社長報酬をリスクと責任の重さに十分に見合う水準まで引き上げて，社長の生涯報酬を事後的に保障する仕組みとしての相談役制度等は撤廃する。

　取締役会長，社長などが引退後に経営上の諮問を受けるために相談役や顧問に選ばれる例が少なくありません。あくまで各社の慣例として置かれているポジションですが，厚遇が約束されます。社長が気を遣うのは元社長の取締役会長であり元会長の相談役や顧問です。会長，元会長の影響力を排除するのは非常に難しいというのが現実です。

　日本企業の後任社長の多くは前任の社長が指名する習わしがあります。たとえ前任の社長が業績悪化の責任をとって辞めても次期社長を指名しま

す。新社長は自分を指名してもらった以上，前任の社長の経営方針を全面的に改めるといった大改革や，前任の社長が推し進めたプロジェクトの中止は，前社長が組織に居る間は決定できない，というプレッシャーがあります。

　また，社長は退任すると自らは会長の椅子に座り，会長の後は相談役になり，その次は顧問として報酬をもらいながら会社にとどまります。社長経験者はまさに"終身雇用"であり亡くなると社葬という形で葬式まであげてもらえます。日本では，経営者に正当な報酬が払われず相談役や顧問になることで生涯賃金が保障される仕組みになっており，会社に対して社長報酬の何倍もの多大な貢献をしてきた元会長・元社長が行った特定の経営判断に対して，いずれ自分も同じ立場になる予定の相談役や顧問の機嫌を損なう批判ができない，というプレッシャーがあります。

　昨今の会計不祥事をきっかけに，退任後も元経営トップの OB が権勢を振い経営に口を出す相談役制度の「院政」「OB ガバナンス」は，迅速な経営判断を機能不能にするとの批判が集まりました。上場会社においては，定款において，取締役会はその決議によって相談役および顧問各若干名を置くことができるという規定を備えているケースが少なくありません。

　こうした日本の相談役制度に対して権威ある団体から投資家の懸念が示されました。それば，議決権行使助言の世界最大手 ISS（Institutional Shareholder Services Inc.）が発行した Proxy Voting Guidelines（2017 年版日本向け議決権行使助言基準：2017 年 2 月 1 日施行，以下，ガイド）です。ガイドによれば，「相談役制度の新設は，取締役の役職として提案される場合を除き，原則として反対を推奨する。「相談役」に限らず，活動の実態が見えにくい名誉職的なポストが本ポリシーの対象である。例えば，顧問，名誉会長，ファウンダーなどが含まれる。」と規定されています。

　当該ガイドの助言基準は，相談役制度を新設する議案に対するものです

ので，直接的な影響は大きくはないかもしれませんが，相談役制度に対する投資家の懸念がメッセージとして発信されたことは非常に重く受け止めるべきです。

経済産業省の主導で一橋大学大学院の伊藤邦雄特任教授らがまとめた「最終報告書（伊藤レポート）[1]」は，日本企業の経営者のインセンティブ構造を見ると，欧米企業と比べ報酬水準が低く，業績連動部分も少ない傾向があり，経営の短期志向と資本コストや株主資本利益率（ROE）への認識の低さに影響している面がある，と分析しています。また，日本取引所が適用したコーポレートガバナンス・コードでは，経営陣の報酬について中長期的な業績や潜在的リスクを反映させ，健全な企業家精神の発揮に資するインセンティブ付けを行うべきだ，と提言しています。

欧米企業のCEOは雇われプロ経営者であれ，生え抜き経営者であれ，期待業績を達成すれば高い報酬をもらえますが，達成できなければ経営責任をとって短期間であっても退任し，会社から完全に離れるケースが一般的です。

一方，日本では期待業績が未達でも，経営責任を負って辞める社長はほとんどおらず，よほどの不祥事でも起こらない限り，予定通りの社長任期を務め，社長の座を降りても相談役等で会社に居座り続けます。日本が「老害大国」と呼ばれる所以です。

社長としての責務を全うし，企業の持続的成長と長期的な企業価値を増幅させるためには，社長の能力を最大限に発揮する際の足かせとなっている相談役制度等は，早急に撤廃することを検討すべきです。

---

[1]　経済産業省「持続的成長への競争力とインセンティブ～企業と投資家の望ましい関係構築～」プロジェクト（座長：伊藤邦雄　一橋大学大学院商学研究科教授）（2014年8月6日）

視点08：不正の「動機・プレッシャー」となる誘因を無くす　**91**

アプレーザルレポートは案件責任者のプレッシャーが及ばない環境下で

（根本原因） 重要な減損案件において，経営責任を問われて退任，辞任，報酬の返上・減額等を行う状況を回避したいと考える。そこに，真実を隠蔽し特定案件の評価結果に問題がないように偽装し問題を先送りしたいという誘因が発生する。

（改善対応） 減損の可能性のある特定案件を起案・推進してきた責任者は，案件評価において利害対立（conflict）が生じているので，客観性を保持できる第三者からの判断材料が当該責任者の影響を受けないように配慮すべきである。

　経営者には経営の結果に対する経営責任と，会社に対する忠実義務違反・善管注意義務違反による損害賠償責任等の法的責任が問われます。バラ色の将来事業計画を描いた案件が，すべて予定通りにうまくいくとは限りません。特定事業の推進を決定したプロセスに過失がなかったとしても，経営の結果に対して相応の経営責任を問われて退任，辞任，報酬の返上・減額等を考えなければならない場合があります。

　潔く誠実で倫理観の高い経営者は別格として，多くの経営者は少なからずそうした経営責任の取り方はできれば避けたい，あるいは最小限のダメージにとどめたいと考えるところに，真実を隠蔽して問題を先送りしたいとの不正誘因が発生します。

　こうした事態を回避するためには，案件に係った利害関係者の影響が第三者の専門家からの判断材料に及ばないように配慮し，客観性を保つよう工夫すべきです。

減点主義の人事考課や叱責が隠蔽する企業文化を醸成する

（根本原因） 外部監査人や内部監査人から不正兆候の糸口となりうる重要な情報源である財務諸表の修正事項や内部統制の不備の指摘事項が提示された場合，当該指摘事項を受け入れて役員に報告されてしまうと，人事考課において減点評価になってしまう，あるいは会社組織における自分の役職を維持できない，上席者に他の従業員の面前で無能などと叱責される，といった事態を回避したいと考える。そこに，真実を隠蔽し「修正する必要がない」あるいは「統制不備と特定する必要がない」ことを裏づける証憑（positive evidence）の証拠力を重く扱い，外部監査人や内部監査人から指摘事項を揉み消したいという誘因が発生する。

（改善対応） 外部監査人や内部監査人からの指摘事項は企業組織に隠れた不正リスクの糸口となる可能性を秘めている。監査人の指摘事項が会社担当者の理不尽な屁理屈によって揉み消されないように，最高財務責任者（CFO）と監査委員会に適切なタイミングで報告できるルートを確保するとともに，外部監査人や内部監査人からの指摘事項は人事考課上の減点評点対象から外す。また，業務上の過失について他の従業員の面前で無能などと叱責すべきではない。

　企業組織の影に潜む不正問題を未然に防ぐ，あるいは早期に発見し損害を最小限にとどめるためには，COSO 内部統制フレームワークの構成要素の 1 つである情報と伝達をいかに有効に整備・運用するかが大きなポイントとなります。

視点 08：不正の「動機・プレッシャー」となる誘因を無くす　**93**

◎内部通報制度

不正会計防止プログラムの重要な方策の1つとして内部通報制度が挙げられます。米国においては，2002年に施行されたサーベンスオクスリー法によって，企業内部の内部監査部等への内部通報制度の導入が上場企業に強制されています。また，企業外部である米国証券取引委員会（米国SEC）に対する内部告発に対する報奨金制度が導入されており，実例もWEBで紹介され，企業不正に対して一定の牽制力を発揮し始めています。日本においては，企業内部の内部通報制度の整備は強制されていませんが，多くの上場企業は内部監査部の設置とともに内部通報制度の整備も増加傾向にあります。

また，金融庁の証券取引等監視委員会への内部告発制度が重要な機能を果たしており，例えば，証券取引等監視委員会への内部告発が重要な粉飾事件の問題表面化のきっかけになったとも報道されています。

企業内の不正問題を内部通報でしか発見し浄化できない組織や，従業員が外部への内部告発を選好する組織は，企業システムやガバナンスが既に機能停止に陥っているといわざるを得ません。内部通報の有効性を議論する前に，信頼できる組織の上席者と相談し解決できる信頼関係を基礎とするコミュニケーション体制の強化をまずは検討すべきです。

◎企業内コミュニケーションの複雑性

企業内コミュニケーションにおいて大切なことは，悪いニュースほど早く正確に適切な人物に報告がなされることです。企業を構成する社員全員が，企業倫理に従い正しい価値観に従って行動してくれれば不正行為が進行することや蔓延することもないのです。しかし，現実には，多くの社員は企業倫理や自らの価値観に従った行動をしばしば放棄するといわれます。理由は次の3点です。

① 心理学における冷淡な傍観者効果（バイスタンダー・エフェクト
（p.138 参照））

　企業倫理や不正会計に関わる問題に直面した社員は，自分の責務範
囲を越えて，己の内面を暴かれているように感じます。そこで，そも
そも企業倫理に抵触するような問題の解決は自己の責務であると考え
ることを避けて，問題を棚上げし，無視してしまう，あるいは無かっ
たことにしてしまうのです。継続的な企業内研修などで倫理コンプラ
イアンス遵守意識の醸成や社員の自制心レベルの向上を図ることが肝
要です。しかし，深層心理に係る領域ですのですべての社員の意識向
上には限界があることを理解したうえで企業コミュニケーションをと
らえる必要があります。

② 企業コミュニティにおける仲間を批判することになる悪いニュース

　これは協調や和を乱す異分子として報復される危険性を伴う行為だ
からです。内部通報も含め，報復行為に対しては罰則が適用されます
ので，ルールの運用を厳しく監視する必要があります。しかし，報復
行為に対するルールの適用を厳しくしても，企業文化を理解する従業
員は報復を恐れているという現実をよく理解しておく必要があります。

③ 自分の職務上の失策や過失に係る悪いニュース

　これは，企業における自分の地位を脅かす行為だからです。失敗を
恐れる企業文化が蔓延している場合には，特に，コミュニケーション
が悪くなります。

企業のコミュニケーションには上記の困難性が認められますが，企業の
存続やレピュテーションにも影響しうる不正会計に係る情報に関しては最
優先の対応が必要です。会社担当者の人事考課の減点を原因として，外部
監査人や内部監査人からの指摘事項が揉み消しや隠蔽されるリスクが認め

られるのであれば，こうした状況は看過すべきではなく，人事考課や社員育成のあり方を早急に再考すべきです。

外部監査人や内部監査人からの指摘事項に対して"指摘事項なし"がありきの不毛な屁理屈の議論のためにお互いの貴重な時間を費やしているというケースがあることは否定できません。外部監査人や内部監査人からの指摘事項が，会社担当者の理不尽な屁理屈によって揉み消されないように，網羅的に最高財務責任者（CFO）と監査委員会等のガバナンスを担う役員等に適切なタイミングで報告できるルートを確保することは検討に値します。

また，業務上の過失について他の従業員の面前で無能などと上席者から叱責されることは誰もが避けたい事態です。不正実行の大きな誘引になるだけでなく，優秀な人材のモチベーションを削ぐ行為ですので，企業の持続的繁栄の基盤を維持するという視点においても，叱責による教育の文化は改められるべきです。

視点 08 のまとめ

　不正のトライアングルの第1要素である動機・プレッシャーの削減ですが，日本企業の場合は，業績評価指標の見直しと相談役・顧問による院政を排除するだけでも，相当な不正抑止効果が期待できます。不正を犯してまで業績を伸ばすことは，誰も望んでいません。そうであればノルマや予算をたてに，過度なプレッシャーを与えることは得策ではありません。過度なプレッシャーを与え暗黙裡に従業員の不正を放置することは，経営者としては任務懈怠であり，その責任は不知を理由に逃れられるものではありません。

視点09：不正を秘密裏に行う「機会」を無くす

不正発生ゼロを目指すことは非効率で無駄という思い込みを改める

> **（根本原因）** 不正会計の発生をゼロにすることは不可能なので，不正会計の防止施策に投じる経営資源は一定レベルに制限すべきである，と経営者が信じている。そこに，不正防止・発見のための内部統制を強化する対応が十分に図られず脆弱のまま残置し，不正の機会が発生する。
>
> **（改善対応）** 不正会計による被害損失を経営的に許容できる範囲に収めるためには，不正会計の発生を一切許容しないという企業文化を組織全体に醸成しそれを維持することが肝要である。そのためには"ゼロ・トレランス（一切の不正を許容しない）"の精神に基づく施策を毎期継続的に実施しなければならない。

　不正をゼロにすることは実際には不可能です。しかし，不退転の決意で不正をゼロにしようと立ち向かわなければ絶対に軽減できないリスクが不正なのです。「経営者が口で何を訴えようとも，大なり小なり，その権力を利己的に行使している。これが企業不祥事の元凶（げんきょう）である」とガバナンス改革の騎士，エリオット・スピッツァー氏（元ニューヨーク州司法長官）は語ります[1]。「暗黙裡にしろ"倫理にもとる行為もばれなければ大丈夫"という意識を与えるような管理職は許されません。権限の乱

用に気づいていながら目をつぶっているケースが多く，組織の上から下まで全体が腐敗している。(中略) 最も重要なのは，ビジネス・リーダーたちは会社の隅々まで“ゼロ・トレランスの精神（ちょっとした不正，違反も容赦しないという考え方)”を徹底させることだと思います。つまり，倫理的な義務に1回でも違反したらクビですよと。言い訳も厳禁，問答無用だと。厳しすぎるように聞こえるかもしれないが，我々が失ったものを回復するにはそれくらいの心構えがまず必要です。」

　規制当局が乗り出す前に不正会計の問題を是正できる仕組みとして重要なのは，組織における社員1人ひとりの倫理観と現場の管理職と経営トップの意識です。不正会計が発生した企業における現場の管理職と経営トップは企業の行動規範について第一線で働く社員に浸透させる努力を怠ってきたともいえるのです。

　不正会計の発生をゼロにすることは無理であるがゆえに，会計不正の影響を経営が耐えられる一定限度の許容範囲内にとどまるように経営資源を投入するという考え方に置き換えているわけですが，そのようなことがそもそも可能なのでしょうか。通常の事業リスク評価におけるヒートマップ分析と異なり，不正会計のリスク評価において，過去の不正発生の実績が小さいからといって将来の不正発生の頻度や影響度も小さいと評価することは適当ではありません。そのような不正リスクに対して，不正会計の重要度を許容範囲にコントロールすること自体，不可能です。言い換えますと，コントロール不能な会計不正の影響を一定限度の許容範囲内に収めるという考えは，企業の負担能力の視点から経営資源の優先順位の範囲でできることだけをするということです。それは，不正会計の発生を自動車事

1 　エリオット・スピッツァー「『ガバナンス改革の騎士』が語る信認の堕落」『Diamond Harvard Business Review』（2004年12月号）

故のようにとらえた，運を天に任せる経営です。企業における最優先課題である不正会計の対応としては，なんとも無責任であり，株主に対しても説明責任を果たせる状況ではありません。

また，このような無責任な対応は，不正会計を撲滅することに対して覚悟ができていないことの現われでもあります。ガバナンスを担う役員は一切の不正兆候を見逃さないよう深度ある懐疑心を持って執行の業務執行を監視・監督しなければなりません。社長は一切の不正会計を撲滅する気概を持って他の執行役員の業務執行の状況を掌握し牽制を利かせて業務を遂行する必要があります。

上司から受けた恩はノブレス・オブリージュ

> **（根本原因）** 企業における上司と部下の関係において義務的な恩が生じている場合，困っている上司を前にすると，部下の自制心や正義感が思考停止に陥る，そこに，不正の機会が発生する。
>
> **（改善対応）** 上司から受けた恩はノブレス・オブリージュであり，正しくないことを容赦する行為を正当化するものではないことを行動規範において明確に記載し周知徹底すべきです。

優秀な人材を企業に惹き付けるだけではなく，その能力をさらに高めるため，上司は部下を教育しなければなりません。しかし，上司としての義務を果たしたというだけでは，部下が上司に恩を感じることはありません。義務感以上の情熱を持ってビジネスの厳しさやノウハウを授けられたと思えばこそ，部下は上司に恩を感じるわけです。

一般に恩を受ける側にとって上司からの恩は，ノブレス・オブリージュ

視点09：不正を秘密裏に行う「機会」を無くす　**99**

（noblesse oblige, 社会的地位の保持には責任が伴うこと）であり, ある程度までは当然のことと受け止め, 受ける側の心に感謝の念となって保存されます。恩を受けた側は, 機会があれば喜んで恩返しをするかもしれませんが, もしその機会がなくても感謝の念を抱き続けます。一方, 恩恵を与える側が「あなたには貸しがある」と受けとる側に恩の認識を迫る場合, 恩は受けとる側にとっての返済すべき義務となります。

　組織の上下関係において「借りを返さなければならない」という義務感を部下に感じさせるような企業文化は経営判断に不当なバイアスを与える有害なプレッシャーを生み出します。無償の愛ではなく, 恩着せがましい部下の手なづけ方が常態化している企業文化は要注意です。

　このような誤った企業文化の浸透は軌道修正が必要です。正しくない行いや判断を上司からの恩を感じて容赦する行為は自社の企業倫理に反することを行動規範（code of conduct）において明確に記載し周知徹底すべきです。また, この正しい企業文化を組織構成員全体に確実に伝播するためには, トップマネジメントからのトーン発信（tone at the top）と有言実行（walk the talk）に加え, 従業員の直属上司にあたるミドルマネジメントからのぶれない一貫性のある発信が鍵であり, トップマネジメントからミドルマネジメントへのメッセージのカスケードに工夫が必要となります。こうした施策により, 包括的な企業文化が構成部門のサブカルチャーとして醸成され, さらには企業構成員個人の善悪の判断と自制心のレベルアップを図ることに貢献します。

社外メンバーに懐疑心と会計リテラシーは必須

> **（根本原因）** 監査役会等に会計リテラシーを有する社外メンバーがいない
> と，取締役会等における執行からの説明事項の中に不正の兆候が示され
> ていても気づくことができない，そこに，不正の機会が発生する。
> **（改善対応）** 監査役会を形骸化させず不正抑止として機能させるために
> は，監査役会等に会計リテラシーを有する社外メンバーを1名以上含め
> ることが必須条件であり，職務遂行にあたっては懐疑心の発揮が求めら
> れる。

　社外取締役にはその役割期待から高い資質が要求されます。社外取締役
に望まれる資質として日本弁護士連合会の社外取締役ガイドラインの抜粋
（枠内）[2] により内容を紹介します。

> 　社外取締役は，それぞれの経歴や専門性を背景に，社会における一般常識，会社
> 経営に関する一般的常識並びに取締役及び取締役会の在り方についての基本的理
> 解に基づき，取締役の業務執行について，企業戦略等の大きな方向性を示し，適
> 切なリスクテイクを支え，経営陣・取締役に対する実効性の高い監督を行うこと
> により，ブランド価値，レピュテーション等の社会的評価を含めた企業価値を持
> 続的に成長させて中長期的に向上させ，かつ，企業不祥事等による企業価値の毀
> 損を避けるため，内部統制を含めたガバナンスや法令遵守等経営全般のモニタリ
> ングを行い，会社と経営陣，支配株主等との間の利益相反を監督し，また少数株
> 主をはじめとするステークホルダーの意見を取締役会に適切に反映させることや，

2　日本弁護士連合会「社外取締役ガイドライン」（2015年3月19日改訂）

業務執行に関与しない範囲でアドバイスを行うことが期待されている。そこで，社外取締役には，こうした目的を実現するために，それぞれの専門性のほか，以下の資質が望まれていると考えられる。①様々な事業への理解力，資料や報告から事実を認定する力，問題及びリスク発見能力，応用力，説明・説得能力，②取締役会等の会議において，経営者や多数の業務執行取締役等の中で，建設的な議論を提起し，論点や争点を明確化した上で独立性・公正性を保って議論を客観的な立場から整理し，再調査，継続審議，議案への反対等の提案を行うことができる資質及び精神的独立性

　監査役会等にも社外メンバーの参画が必要で，社外メンバーに求められる専門性と資質は上述の社外取締役に求められるものと共通していますが，監査役会等におけるメンバーには会計リテラシーというハイレベルな専門性がさらに必要になります。

　会計リテラシーとは経営者が作成した財務諸表から経営者の意思決定を会計的に理解する能力です。シカゴ大学経営大学院教授のローマンL.ワイル氏が示す4段階の会計リテラシーの水準は以下の通りです[3]。

1. 会計数字の背後にある実際の取引を理解していること
2. 会計原則や経営者の会計方針と実際の会計処理を関連づけて考えられること
3. いくつもの処理方法がある選択肢から，なぜその方法を選んだのか，経営者の選択肢を理解できること
4. 経営者が潜在的にとりうる会計操作の方法とその意味するものを理解できること

---

[3]　ローマン・L・ワイル「SOX法以後，大半の監査委員会が強化　財務リテラシーが不正会計を防ぐ」『Diamond Harvard Business Review』85頁（2005年10月号）

監査委員会等のメンバーには，会社の財務経理責任者の経験のある社内役員が含まれることがこれまでの実態です。また最近では，大規模企業の会計監査の経験のある公認会計士を外部メンバーとして招致するケースも増えてきています。取締役会に社外メンバーを多く招致することで，取締役会の客観性を向上させる狙いと，取締役会は監視・監督に専念し執行は経営に専念するという構図を推し進めています。取締役会の監視・監督の守備範囲は非常に広いのですが，監査委員会等が専門とする領域は，法令コンプライアンス遵守状況，財務報告の適切性，内部統制システムの有効性を特に注視しており，不正会計を抑止する"守りのガバナンス"の要の位置づけでもあります。

　内部統制システムや内部統制監査は，企業組織の人が犯すすべての不正を抑止するためのものではありません。どちらかというと，不正防止のためのプロセスに漏れがないか，そのためのチェックリストを作成し管理を強化するものです。資本市場の信頼が揺らぐような重大な不正会計は，概して組織の最上層の経営者が起こすものであり，残念ながら，内部統制システムや内部統制監査は経営者が主導する不正会計への効力は直接的には有していません。不正会計の抑止・防止に効果のある施策は，"守りのガバナンス"の要である監査委員会等における会計リテラシーの向上と経営トップに対する刑事罰の強化です。

　かなり悪質な不正会計スキャンダルですら，騙す意図を持って巧妙に仕組まれた詐欺や犯罪というよりも，その核心には無意識に偏ってしまった一連の判断や偏向（バイアス）が影響した場合が多いと考えられます。

　客観的な態度で公平を期そうとしているプロフェッショナルでさえ，欲求は情報を解釈する方法に強力な影響を及ぼします。このことは，心理学の実験でも証明されています。ある結論に達したいと考えていると，たいていの場合，そのような結論に至ってしまうのです。我々は知らず知らず

視点09：不正を秘密裏に行う「機会」を無くす　**103**

のうちに，自分が望む結論に反する事実を批判的に見て軽んじ，自分の意見を裏付けるような証拠は無批判に受けているのです。

意図的な不正行為とは異なり，無意識に潜むバイアスはルール違反に対する禁固刑をいくら長くしようとも排除することはできません。こうしたバイアスの影響を緩和するには，公認会計士，監査法人，上級執行経営者，監査委員会，内部監査部門等に求められる能力や懐疑心の発揮のレベルを抜本的に改革する必要があります。ガバナンスの監視・監督活動における懐疑心の発揮は今後重要なキーワードになることでしょう。表面化しないバイアスの存在を意識しながら，その悪影響を見込みつつ，一連の判断の合理性と適切性を見極めていく必要があります。そのためにも，懐疑心の発揮と会計リテラシーの専門性が必須なのです。

不正リスク対応は最小限でよいという考えを改める

> **（仮説）** 不正会計は滅多に発生しないと信じているため，不正会計が実際に発生した時に企業が被る損失の大きさを評価していない。不正防止・発見プログラムの整備に適切な経営資源が投じられず脆弱性を残置させたままなので，不正の機会が発生する。
>
> **（改善対応）** 不正会計は合理的に起こりうるリスクと位置づけ，不正会計発生時に企業が被る損失は事業継続を危うくするほどの甚大な影響があることを認識し，それに備えて不正防止・発見プログラムを整備しなければならない。

公認不正検査士協会の定義によれば，不正は不正樹形図（右図）により不正な報告（不正会計），資産の不正流用（横領，着服），汚職（贈収賄）

▶ 職業上の不正と濫用　不正の体系図

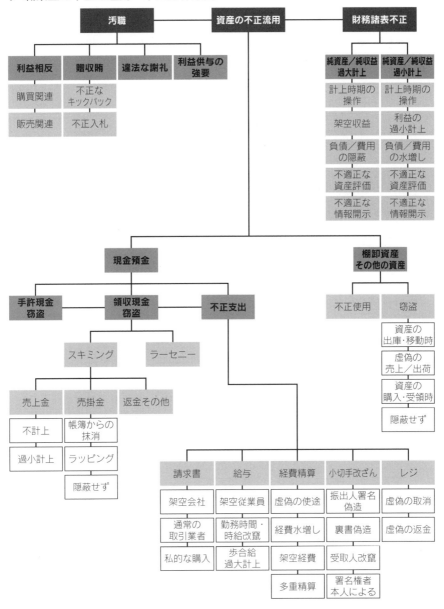

視点09：不正を秘密裏に行う「機会」を無くす

の3類型に大別されます。不正発生の頻度は不正会計，汚職，資産の不正流用の順に高くなっています。特に大規模な不正会計や粉飾決算は頻繁には起こりません。一方，不正損害額は資産の不正流用，汚職，不正会計の順に高くなっており，特に不正会計における損害額は他の不正を圧倒する規模となります。不正会計で被る損失は，社長交代，企業イメージ，リクルート，レピュテーション毀損による将来収益力弱体化を基礎とした株価の下落，株価下落訴訟，企業イメージの悪化によるレピュテーション毀損による損害（不買運動，ブランド価値下落によるマーケットシェアの縮小）など計りない甚大な損害となります。また，不正発生後の経済的損失を不正実行者あるいは保険金で回復することはほとんど不可能であり，不正発見よりも，不正を抑止する対応が最重要であることは疑いもありません。

経営トップからメッセージを発信するだけでは組織文化は醸成されない

（根本原因）　不正会計を抑止する環境には不正を許容しない経営トップの姿勢（トーンアットザトップ）が重要であるが，経営トップのメッセージを企業倫理・行動規範と合わせて会社構成員に定期的に発信しているだけでは，不正を許容しないというメッセージが他の経営目標（売上至上主義など）と矛盾したままで伝達されてしまうリスクがある。そこに，不正抑止に対する経営者の正確なメッセージが組織グループ全体には行き渡らないことにより，不正の機会が発生する。

（改善対応）　トップからの重要なメッセージを会社構成員全員に公平性と公正性を持って腹落ちして受け入れてもらい，かつ日々の自制行動（behavior）を変更してもらうには，伝達方法のカスケード（cascading，下階層への落としこみ）が必要である。

経営トップの姿勢とは，組織のリーダーにより醸し出される職場の倫理的気風です。経営者の姿勢は，従業員に浸透するものであり，倫理観や誠実性を支持するような姿勢を経営陣が明示すれば，従業員も同様の価値観を維持することが期待されます。しかし，経営上層部が倫理には無関心で損益にのみ関心を示し，「倫理にもとる行為もバレなければ大丈夫」という姿勢と態度が伝わると，従業員はより不正行為を犯しやすくなり，倫理的な行動はこの企業においては優先事項ではないと感じるのです。つまり，従業員は一定の倫理観や自制心は持っていますが，倫理的判断は自分の職務を超えるものであると考え，上司の指示に従うことを正当化してしまうのです。従い，経営トップの姿勢は，不正会計を抑止する統制環境の醸成に重大な影響を及ぼすのです。

　一方，望まれる価値観と経営が経営トップの姿勢として明確かつ適時適切に組織全域に伝達されたとしても，また仮に企業倫理の浸透度合いをアンケートで確認したとしても，それだけで十分ではありません。組織下位の従業員の日々の活動と行動様式を評価している中間管理職に経営トップの価値観が正しく伝達され，その中間管理職の発言（the voices of the middle manager）に対して組織下位から正しい反響を得なければなりません（echo from the bottom）。組織が望む正しい企業倫理と行動規範を組織全体の構成員の心に深く染み込ませ醸成させるためのカスケードの工夫が肝要です。

不正対応を目的に含めない内部監査は有益ではない

> **（根本原因）** 企業は不正会計を防止または発見するための包括的なプログラムを整備している（例えば，職務分掌，強制配置転換，強制休暇，内部通報，内部監査）。しかし，内部監査には不正防止・発見に対する期待役割と権限と責任が明確で伝達されておらず，また十分なリソースも与えられていない。そこに，内部監査における不正防止・発見活動が機能不全となり，不正の機会が発生する。
>
> **（改善対応）** 内部監査には不正発生の結果責任は負わせず，不正発生を牽制し不正を許容しない組織風土の醸成のための活動プロセスの遂行に権限と責任を与える。内部監査が不正摘発を行った場合においても，内部告発者と同様，内部監査人の地位と身分を保障するための方針と手続きを整備する。

　資本市場に激震が走る重大な会計スキャンダルが生じるたびに，「取締役や経営者は何をしていたのか？」という疑問と同時に，「内部監査はどこにいるのか？」という批判が起こります。不正会計への対応として，内部監査は従前にも増してチャレンジと機会に直面しています。

　内部監査は，組織体の運営に関し価値を付加し，また改善するために行われる，独立にして，客観的なアシュアランスおよびコンサルティング活動です。内部監査は，組織体の目標の達成に役立つことにあります。このためにリスクマネジメント，コントロールおよびガバナンスの各プロセスの有効性の評価，改善を，内部監査の専門職として規律ある姿勢で体系的な手法をもって行います[4]。したがい，内部監査の活動において，不正防

止・発見自体が直接の目的ではありません。

しかし，内部監査の不正会計に対する責務について，内部監査の国際基準は次のように規定しています[5]。

- 内部監査部門は，（1）不正の発生可能性と，（2）いかに組織体が不正リスクを管理しているかを評価しなければならない（2120.A2）
- 内部監査人は，個々のアシュアランス業務の目標を設定するに当たり，著しい誤謬，不正，法令等の違反，その他起こりうる障害，の可能性を考慮しなければならない（2210.A2）
- 最高経営者および取締役会への報告 「内部監査部門長は，内部監査部門の目的，権限，責任，および計画に関連する業務の遂行状況について，定期的に最高経営者および取締役会へ報告しなければならない。報告には，重大なリスクに曝されている度合いとコントロール上の問題点を含めなければならないが，それらには不正のリスク，コーポレート・ガバナンス上の課題，および最高経営者や取締役会にとって必要とされるか，あるいは要求される他の事項も含めなければならない（2060）

　起こりうるすべての不正会計が「存在しない」と立証することは現実の世界では不可能に近いです。例えば，虚偽記載である誤謬については，内部統制の検討により事前にある程度予測でき，また，仮に事前に予測できなかったとしても，よほど複雑な取引である場合を除き，通常の実証性テストで発見できると考えられます。一方，不正会計の場合には，隠蔽工作を行われ，特に経営者が主導する不正会計においては共謀や内部統制の無

---

[4]　日本内部監査協会「内部監査の定義」

[5]　IIA "International Standards for the Professional Practice of Internal Auditing" (January 1, 2017)〔日本内部監査協会訳「内部監査の専門職的実施の国際基準」（2017 年 1 月 1 日）〕

効化が行われるので，その発見は極めて困難です。

　しかしながら，企業の持続的成長の足かせとなる不正会計リスクに対して継続的なリスク評価や軽減活動を行わず，運を天に任せて放置することは経営怠慢です。不正会計リスクを軽減することは経営の喫緊の課題ですので，不正発生の結果責任は負わないことを条件に，一定の限界内であっても内部監査を実行させ，不正発生を牽制し不正を許容しない組織風土の醸成のために活動プロセスの遂行に権限と責任を与え，組織の価値向上に貢献させるべきです。

経営者の主張を受け入れない外部監査人は交代させるべきという考えは捨てるべき

> **（根本原因）**　外部監査人の監査手続きに会社執行側が非協力的あるいはミニマム対応である。結果的に，外部監査の監査深度が浅くなり，不正兆候に繋がる有用な兆候が発見されないことになり，不正の機会が発生する。
>
> **（改善対応）**　監査役等が外部監査の環境や執行サイドとの関係をモニターし，必要に応じて，外部監査人の監査手続きを効果的，効率的に行えるよう執行側に協力を要請する。

　外部監査を上場維持コストの必要悪と考える企業は少なくありません。会計ルールを絶対視せず，経営者の思い通りの決算を許容しない外部監査人を解任しオピニオンショッピングまがいの行為をすることは，あってはならないことです。企業のレピュテーションを著しく棄損させる行為ですので，ガバナンスを担う取締役は，経営者と外部監査人が信頼関係に基づき協力して決算に臨んでいるかを，継続的に観察すべきです。

外部監査人とのインフォーマルなコミュニケーションの機会を制限しない

> **（根本原因）** 外観的独立性や職業的懐疑心の観点から，外部監査人と経営者とのインフォーマルなコミュニケーションは一切禁止されると誤解している。結果として信頼関係に基づく有効なコミュニケーションが外部監査人と経営者の間で成立せず，必要最低限の情報しか提示されないため，表面的な監査手続きに終始することになる。そこに，不正の兆候につながる有用な情報を入手できないという，不正の機会が発生する。
>
> **（改善対応）** プロフェッショナルとして節度ある態度を保持してのインフォーマルなコミュニケーションは，外部監査人と経営者の相互の信頼関係を築き，有効なコミュニケーションを成立させるために合理的かつ有効な手段である。

　不正会計対応における職業的懐疑心は経営者の不誠実を前提としたアプローチを採用すべきです。「Trust but verify アプローチ」からの脱却です。しかし，このことは監査実施過程における監査人と会社経営者との友好関係や信頼関係を必ずしも否定するものではありません。こうした友好関係や信頼関係がない敵対的な環境下においては，十分な情報や監査証拠を入手できなくなり，有効な監査は期待できないからです。

　アメリカ会計学会のリサーチによれば，監査人のクライアントとの識別ベースの信頼は，クライアント視点における監査人の職業的懐疑心に対してポジティブに働きかけると結論しています。識別ベースの信頼と職業的懐疑心の二文法ではなく，むしろ，両立しうるものであると述べています[6]。そもそもお互いの信頼関係がなければ監査契約も成立しません。

しかし，外部監査人の業務に対する取組み姿勢としての職業的懐疑心においては，経営者の不誠実を前提とした深度ある客観的な評価やチャレンジが求められるのです。

外部監査人の監査役等とのダイレクトコミュニケーションを制限しない

（**根本原因**）　経営者が立ち会わずに，外部監査人と監査役会等との直接会議を開催させると，経営者が監査役等に説明していない会計・内部統制案件をディスカッション材料にしてしまい会議が紛糾する恐れがあるため，このようなディスカッションの場を外部監査人に持たせるべきではないと誤解している。そこに，監査役等によるガバナンス監視活動と外部監査人による不正発見手続きを強化できる有益な機会を失い，不正の機会が発生する。

（**改善対応**）　監査の品質は執行からの独立性，客観性が基本である。経営者が立ち会わない監査役会等と外部監査人とのディスカッションは，執行からのバイアスのない状況下で，監査役等とのディスカッションやアドバイスから不正兆候に気付くための有効な手続きである。

監査における不正リスク対応基準では，監査人は，監査役等に不正リスクに関連して把握している事実を質問しなければならない，とされています。また「監査人は，監査の各段階において，不正リスクの内容や程度に

6　AAA "Trust and Professional Skepticism in the Relationship between Auditors and Clients : Overcoming the Dichotomy," *BEHAVIORAL RESEARCH IN ACCOUNTING*, Vol.29, No.1 (Spring 2017)

応じ，適切に監査役等と協議する等，監査役等との連携を図らなければならない。」とされているほか，「不正による重要な虚偽の表示の疑義があると判断した場合には，速やかに監査役等に報告するとともに，監査を完了するために必要となる監査手続の種類，時期及び範囲についても協議しなければならない。」ともされています。さらに，「監査実施の過程において経営者の関与が疑われる不正を発見した場合には，監査役等に報告し，協議の上，経営者に問題点の是正等適切な措置を求めるとともに，当該不正が財務諸表に与える影響を評価しなければならない」のです。

日本監査役協会発行の「会計監査人との連携に関する実務指針」によれば，"監査役等と会計監査人は，同一の監査対象に対して（会社法第436条第2項第1号），それぞれが独立した立場で監査を行う責務を負っている。しかし，コーポレート・ガバナンスの充実という要請に応えるためには，監査役等と会計監査人は，相互の信頼関係を基礎としながら，緊張感のある協力関係のもとで，双方向からの積極的な連携によって，監査の有効性及び効率性の向上に努めなければならない"と規定されています[7]。また，不正リスク対応基準における「協議」とは，特定の結論を出すことが求められているものではなく，意見交換という趣旨である，とも規定されています。

監査役等と会計監査人が，相互の信頼関係を基礎としながら，緊張感のある協力関係のもとで，双方向からの積極的な連携による協議を行うには，経営不正が議題に上る可能性も関係しますが，執行からのバイアスのない状況下が好ましい環境といえます。

---

[7] 日本監査役協会「会計監査人との連携に関する実務指針」（2014年4月10日）

視点09：不正を秘密裏に行う「機会」を無くす **113**

視点 09 のまとめ

　不正のトライアングルの第 2 要素の機会を減少させることですが，表面的には内部統制を強化することにあります。しかし，その本質は内部統制の仕組みの強化ではなく，いかに魂を入れるかに留意すべきです。効果の高い施策としては，経営トップの正しい倫理観や姿勢をいかに組織の末端にまで浸透させるか（カスケード），組織の上席者と部下との関係（ノブレス・オブリージュ），ガバナンスへの会計リテラシー導入，モニタリングの要である第 3 ディフェンスラインの内部監査の不正防止目線，監査役・内部監査・外部監査との連携などが挙げられます。

視点 10：罪の意識を軽減し不正実行を促す「正当化」を無くす

重要性を濫用した不適当な会計処理の未修正は看過しない

（**根本原因**）　予想利益を達成するため，あるいは特定セグメントの業績を
よく見せるために意図的な誤謬をすることは不正であるにもかかわらず，
当期損益に与える影響は軽微であると考える。そこに，重要性を濫用
し，外部監査人からの会計処理の記載誤りの指摘を受け入れないことを
正当化する。

（**改善対応**）　不正意図の質的な側面から明らかに看過できない不正会計で
あり，この不正会計を見逃すことで投資家が被る損失（株価の下落）に
は重要性があると見なさなければならない。

　実際に不祥事を起こした企業のガバナンスは形式的には上場企業として
相応のものであり，財務問題を解析しリスクの本源を把握できる能力と経
験を備えた人材も確保していたはずです。外部監査人である公認会計士も，
不正会計の可能性を念頭に置きながら経営者による正当性の弁明を評価し
ていたはずです。しかし，黒がグレーな領域に持ち込まれ，最終的には重
要性を根拠に正当でない処理や開示を許容されてしまうリスクがどこの会
社にも多かれ少なかれ存在します。重要性の濫用問題です。

　重要性とは財務情報に弾力性を持たせるためのもう1つの手法です。い

くつかの項目は正確に測定し，その他の項目は報告するには値しない程重要性は低いのです。しかし，重要性の概念を濫用する企業があります。許容限度の範囲を定め，その範囲内で意図的に誤謬（error）を記録するのです。その場合，企業最終損益に与える影響は極めて小さいと言い訳をしようとします。

経営者と取締役の関係，経営者と外部監査人との関係，被監査対象と内部監査部との関係等においては，相手の主張・都合に合わせて解釈するといった偏見が生じがちなのです。相手に対して異議を唱えることによる不利益と不正会計を指摘しないことにより投資家が被る不利益を天秤にかけるわけですが，昨今の企業不祥事は明らかに投資家保護が軽んじられています。企業モラルも下がっており，不正会計への抵抗感も麻痺し，正に末期症状ともいえます。不正であるか否かの判断基準のハードルを下げてしまい，以前であれば社会から非難されたであろう行動がまかり通るようになってしまっているのです。

営利を追求する会社として可能性ある誤謬をどの程度であれば実務上やむを得ないと考えるかのレベル感を会社構成員に周知徹底しなければならないわけですが，企業倫理規程の解釈と内部統制の整備レベルを従業員の常識と裁量に任せて組織として具体的に議論せずにきたことが大きな誤りの1つであると考えられます。不正会計は資本市場を乱し企業存続にも影響する重大なリスク行為であることを再認識し，会社事業活動の生命線である企業倫理規程を従業員全員が誤解なく共有し，ゼロ・トレランス（一切の違反・不正も容赦しない）の精神と不正は必ず見つかるという認識（perception of detection）を徹底させることが求められます。

経営判断が財務諸表の作成ルールを無効化することはない

> **（根本原因）** 財務諸表の虚偽記載は法令違反であるにもかかわらず，重要な虚偽記載に対しても経営者の裁量が認められる経営判断の領域であると考える。そこに，会社の経営成績に不利な会計処理や不利益情報の開示によって会社が多大な損害（株価下落，経営責任の訴追）を被る可能性を理由にして，外部監査人からの会計処理の記載誤りの指摘を受け入れないことを正当化する。
>
> **（改善対応）** 財務諸表の虚偽記載は法令違反である。したがって，重要な虚偽記載に対して経営者の裁量は認められず，ルールに従った会計処理と開示が要求される。会計不正には架空売上のように契約不存在のものだけではなく，契約は存在するものの特定会計期間への帰属を期ずれさせることで財務目標の未達成を隠蔽する行為も含まれる。後者の会計不正に対する法令違反の意識が相対的に低い。会社懲戒処分ルールやコンプライアンス規則などにおいて，会計不正の範囲を具体的に明示し，いずれの虚偽記載も法令違反として処罰の対象となることを示すべきである。

　違法行為は経営判断たりえないので経営判断の原則の適用はありません。経営者の裁量が認められるのは，代替処理が認められる領域に限られ，かつ，取引実態をより正確に反映する方法を採用しなければなりません。また会計ルールに個別具体的な要求がなくても，企業の経営成績と財政状態の理解を助けるために有用と思われる情報についても開示が必要です。財務報告は，株主の代理たる経営者が情報格差を解消する，すなわち経営者が説明責任を果たすための企業の情報開示という視点が基軸となります。

視点10：罪の意識を軽減し不正実行を促す「正当化」を無くす　**117**

内部統制の整備・運用の必要性を経営判断により軽視することはできない

（根本原因） 内部統制監査において外部監査人から統制不備を指摘されても，いかなるリスク管理体制を構築するかは経営判断の問題であり，経営者に広い裁量権があると考える。そこに，投入する経営資源と不正リスク軽減の費用対効果を比較考量したことを理由にして，外部監査人からの統制不備の指摘を受け入れないことを正当化する。

（改善対応） 上場企業は財務報告に関わる有効な内部統制を構築する義務があり，最低限の内部統制については経営者の裁量余地はなく，経営判断の原則は適用されない。外部監査人からの統制不備の指摘は，不正を抑止する統制環境や不正を防止あるいは発見する仕組みを強化するうえで有用な提言を含む場合もある。内部統制上の開示すべき重要な不備にいたるレベルではないとしても，外部監査人からの統制不備の指摘は漏れなく上席者に報告があがるように体制を整えるべきである。

　いかなるリスク管理体制を構築するかは経営資源の配分における経営判断の領域であり，取締役に裁量権が認められます。一方，最低限の内部統制システムの構築については裁量の余地はなく，経営判断の原則は適用されないと考えます。

取締役は担当外の案件にも口出しすべき

（根本原因） 不正会計の発生が引き起こす損害に対する業務・管理責任を負うのも担当役員であり，担当外の分野について担当外役員が責任を問われることは想定外であると考える。そこに，責任領域外であることを理由にして，不正の兆候を知っても口を出さないことや何ら行動も起こさないことを正当化する。

（改善対応） 役員は業務担当者である前に取締役として取締役の職務執行全体に対する監督責任を有する。従い，他の役員が担当している分野に対しても口を出すのは法的には当然の役目であり，不正兆候を知っていて口を出さないことは取締役の善管注意義務違反を問われることになる。取締役の意識と法律の要求との間にギャップがあるため，また，知らなかったとの「不知の主張」（気づきようがないのであれば過失がないのだから責任もない）を許さないためにも，取締役会議長は各役員間における情報格差の解消と各役員からの積極的発言に留意すべきである。

　取締役に対して厳格な責任を課すことは，責任訴追を恐れて消極的態度が生ずることにつながるかもしれませんが，経営に対して相当の注意を尽くして判断することは取締役の責務です。会社に生じた莫大な損失の賠償については，経営判断の原則や過失相殺等の方法による救済の他，株主総会の判断によって制限されます。大切な点は，重要性，時間，費用などを比較考量のうえ，合理的に利用可能な情報を収集し，正当な注意を払って判断することです。思慮分別を欠いた情報不足のままの行動や不作為は，経営判断の原則によって保護されません。

視点10：罪の意識を軽減し不正実行を促す「正当化」を無くす　**119**

日本文化に根付いた経営は問題の先送りを繰り返すことになる

> **（根本原因）** 経営者会議においてすべてのメンバーが不正に繋がる対処す
> べき問題を認知していても，重大な意思決定をまとめることができない。
> このような組織の優柔不断と無為無策はリーダーシップといった個人の
> 能力をはるかに超えて，組織全体に蔓延する悪しき行動様式と企業文化
> に起因する場合が多く，結果として不正問題は将来の課題として先送り
> され隠蔽されてしまう。不正と認定されたわけではないという正当化が
> 隠蔽に対する罪悪感を軽減しており，このような屁理屈が日本では未だ
> に通用している。
> **（改善対応）** 経営者会議が重要な意思決定を適時かつ有効にまとめる能力
> を持つため，企業文化の現状を直視し改善にむけて新たな文化を醸成す
> るための具体的なタスク実行を図る必要がある。

　例えば，ノーの文化（悪魔の代弁者の領域を越え率直な対話と建設的な
討議を損なう）を改めるために独立部門を運営し広大な経営資源を支配す
る特定の事業部長に権限と責任を過度に集中させない，またイエスの文化
（全体会議ではイエスという態度を示すも裏では懸念や反対を伝える）を改
めるために上下関係が過度に強調されないような評価の複線化を図る等が
具体的な対応として考えられる。

不正を犯しても敗者復活戦を許容する企業文化は改める

（**根本原因**） 不正防止プログラムとして，適切な職務分離，強制休暇や強制配置転換，内部通報制度と通報者保護，一切の不正を許容しないゼロ・トレランスの組織風土醸成と厳しい懲戒処分などが挙げられる。一方，日本の文化として，罰則強化は都合の悪いことを隠すという傾向をさらに強くする危険性が高く，有効なコミュニケーションによって不正存在を発見する糸口を察知・発見する機会を失っているケースがあるため，懲戒処分に一定の猶予を与えルールをゆるくしている。結果として，罰則強化が不正発生を抑止することに有効に機能しない。

（**改善対応**） 不正会計が法令違反であることを明示し，不正会計の範囲も具体的に示したうえで，例外なく厳しい懲戒処分を課すことによって，不正発生を抑止することに機能・貢献させる。不透明で複雑な空気の経営より明確でわかりやすい経営，"信賞必罰"の精神がグローバル経営においてより支持を得やすい。

　信賞必罰とは，功績があれば必ず賞を与え，罪があれば必ず罰することです。賞罰のけじめを厳正にし，徹底的に確実に行うことが不正抑止環境を構築するための必須条件です。

視点10：罪の意識を軽減し不正実行を促す「正当化」を無くす　**121**

社外取締役の経営責任を問わないガバナンスは機能不全

（根本原因） 一般の取締役と同様，社外取締役にも法的責任（会社に対する忠実義務・善管注意義務違反による損害賠償責任等の法的効果に基づくもの）と経営責任（経営の結果に対する責任であり法的な効果を持たないもの）がある。社外取締役の法的責任を果たすための職務は，特段の事情がある場合を除き，信頼の原則のもと，合理性に対する審査・検討であるので作業範囲は深くない。ゆえに経営責任を果たすための職務に期待が集まるわけである。しかし，社外取締役に期待される役割（取締役会でのモニタリング，経営に関するモニタリング等）が明確でなく報酬額も低いため，社外取締役が不正に起因する経営の失敗に対して経営責任（退任，辞任，報酬返上・減額）を負うケースは少ない。ゆえに，社外取締役による不正防止・発見という観点での経営モニタリングも深度が浅いものになり，不正を見逃している。

（改善対応） 社外取締役に期待する職務を明確にし，それに応じた報酬へ増額支給する。そしてその報酬に応じた経営責任を社外取締役にも課すガバナンス体制を確立すべきである。

　社外取締役に期待される役割の中でも，経営に関するモニタリング事項は多岐にわたりますので，モニタリング対象事項と視点を明示的に示しておくことが有用です。例えば次が上げられます。

- 事業計画：資本コスト（期待収益率）に留意し成長戦略との整合性を確認する
- 事業の選択と集中：買収案件の資本コスト（期待収益率）と売却案件の合理性に留意する

- 剰余金の処分：株主還元に留意し配当政策と整合性を確認する
- 役員報酬：役員のモチベーションに留意し金額の合理性を確認する
- 役員指名：計画達成状況を確認し株主の信任に留意する
- 利益相反取引：会社に生ずる潜在的な損害に留意する

ルールを絶対的な権威と認めない企業文化は改める

（**根本原因**）　経営者は，企業倫理・行動規範を整備しコンプライアンスを重視する組織風土を醸成することの大切さを組織全体に伝えている。一方で，重要な経営意思決定の会議においては，ルールを絶対的な権威と見て「MUST」という判断にはいたらず，ルール・法律・制度を尊重するけれども絶対のものとは考えず，遵守しなくてもさして重大な結果を招くことはないと判断すれば，「世の習い」に従って世間並みであることを確保しながら，実利的な「BETTER」という選択肢を選ぶ傾向がある。会計ルールは特に軽視される傾向がある。こうしたダブルスタンダードが，結果としてルール違反である不正を助長しており，グローバル企業になるための足かせになっている。

（**改善対応**）　不正会計を抑止する統制環境を構築するには，会計ルールの適用において本音と建て前は必要ない。ルールを絶対視する企業文化を醸成すべきである。

　日本人は，原理原則はとりあえず建て前として置いておいて，場合に応じて現実的な本音で処理して行こうとする傾向があります。したがって，建て前を崩すのも時に止むを得ないとする考えることが多いのです。無理のある建て前で突っ張り合うこともあるまいと考えるのです。
　しかしながら，このやり方は気心の知れた者同士であればこそ通用する

方式でしょう。グローバル市場で活動するために必要となる財務報告書の作成の規準となる会計ルールの適用において，当該建て前と本音というダブルスタンダードは，国際的には許容されません。会計ルールは自由を拘束するものなのでデュープロセスを経て利害関係を調整した結果であり，その意味において会計ルールは絶対的な権威なので，ルール準拠は「MUST」なのです。

嘘も方便という文化は企業においては不必要

（根本原因）　重要な経営意思決定の会議において，業務や案件に必ずしも精通していない社外取締役などの参加者に内容を理解させるための「仮の教え」としての嘘ではなく，ストレートなもの言いで案件の経営責任に係る人を傷つけることを避けるために嘘も方便として使われる。事実の一部を歪めて伝えるため，事実を正しく認識することができず，結果として問題を先送りし不正を隠蔽することを助長することになる。
（改善対応）　嘘も方便という考え方は他の多くの民族から非常な不信感を持って見られる。不正会計を抑止する統制環境を構築するには，ストレートでオープンな企業文化を醸成すべきである。

　自分に都合のよい嘘は虚偽，欺瞞です。「嘘も方便」の嘘は，誰かを救うための嘘ととらえることができます。ホワイトカラー犯罪における不正のトライアングルの1つである正当化は正に嘘も方便なのです。会社のため，部門のため，という言い訳は，本当は会社における自身の職制上の地位を確保することが目的なのです。他人を救うという言い訳で不正を正当化しているのです。

原理原則に基づく議論が企業体全体の和を乱すという考えは改める

> **（根本原因）** 重要な経営意思決定の会議において，確固たる原理原則に
> 照らしてロジカルに問題点を詰めるアプローチを好まないので，得られ
> た回答がルール違反になっていても合議の結果なので仕方ないものと受
> け入れる。当然ながら不正を助長する環境を作り出す。
> **（改善対応）** 明確で確定的な企業行動規範を制定し，それに例外なく従
> い，ルールに従い，論理的に議論を詰めていくべき。

　確固たる原理原則に照らしてロジカルに詰めていけばあるべき明確な回
答が得られるはずです。しかし，多くの日本人は論理をぎりぎりと詰める
やり方をあまり好みません。江戸時代の薩摩藩などでは「議を言うな」と
露骨に禁じる風潮が見られました。このようになる理由は，企業行動規範
のいかんにかかるところが大きいと考えられます。

　企業行動規範の基本は法令順守だけではありません。「社会への貢献」が
「会社のため」の判断材料となるべきであり，目標利益の達成や株価維持自
体が「会社のため」ではありえません。企業行動規範の基本事項として以
下が挙げられます[1]。

1. 法令の遵守
2. 社会とのコミュニケーションの促進
3. 地域との共存

---

[1]　東京商工会議所「企業行動規範（第2版）」（2007年4月）

視点10：罪の意識を軽減し不正実行を促す「正当化」を無くす　**125**

4. 環境保全への寄与
5. 顧客の信頼の獲得
6. 取引先との信頼関係の確立
7. 従業員の自己実現への環境づくり
8. 出資者・資金提供者の理解と支持
9. 政治・行政との健全な関係
10. 反社会的勢力への対処

また，企業行動規範の実践においては次の事項に留意すべきです。

- 自社の「身の丈にあった」規範とは何かを十分に考える
- わかりやすい言葉でまとめる
- 日々の活動の中で確実に実践する
- 当社として善い行いである企業行動規範を繰り返し説いて教育していく

問題追及を猶予する甘えの文化は企業には不必要

（**根本原因**）　重要な経営意思決定の会議において，仮にルールに抵触し，社会全体の利害を害し，個人の利害を不当に犠牲にしてでも，会社の利害を何よりも優先させるという意図（保身のための言い訳，屁理屈）を，相手がそれを理解し受け容れて好意ある計らいを当てにする，期待をかけることができる文化がある。

（**改善対応**）　日本企業の甘えの文化は世界には通用しない。少数株主をはじめとするステークホルダーの意見を十分に経営判断に反映させるように，社外取締役の機能を強化することが肝要である。

　日本の甘えの文化の裏側には忖度の文化があります。他人の心を推し量るだけではなく，そのうえで相手に配慮する行動も伴います。企業独特の慣習や根強い伝統的価値観に加え，透明性を担保できない甘えと忖度のプロセスが持続する限り，日本企業の経営判断における客観性は向上することはできません。経営判断プロセスの公正性と公平性と透明性の確保は企業ガバナンスの根幹でもあります。

視点10：罪の意識を軽減し不正実行を促す「正当化」を無くす　**127**

視点 10 のまとめ

　不正のトライアングルの第 3 要素である正当化の排除ですが，多くは日本的経営や企業文化に起因するところの改善になります。誰も決めない，誰も責任を取らない，処分が軽く敗者復活が可能な組織においては，建前は別としても，本音の部分では，企業文化や慣例に従っていれば，正しくないことも寛容に受け入れてくれると勘違いして当然です。信賞必罰を基本とし緊張感のある組織に建て直さないと，不正・不祥事を起こさないリスク感度の高い企業には生まれ変われません。

視点11：汚職指数の高い国の不正リスクを侮らない

グローバル企業が直面する現地の不正リスク

　不正のトライアングルの3つの側面は，グローバル企業にとっては，より大きな脅威となります。海外事業の拡大による収益拡大に対する期待は，特に急成長マーケットにおいては，非常にアグレッシブな目標達成に対するプレッシャーを作り出します。時として，経済成長の減速局面において，ビジネスが生き残るために事業の財務収益力を改ざん，偽装することを正当化してしまうケースも少なくありません。

　不正防止プログラムが，例外なく，全世界の拠点に導入され，適切に適用されていないと，各地のマーケット特有事情に起因するカルチャーが各地の従業員の自制心を蝕み，不正実行を躊躇しない，あるいは不正を目の当たりにしても悪いこととは認知できない環境を作り出してしまいます。

　新興国（中国，インド，ブラジル，ロシアなど）における倫理・コンプライアンス・リスクファクターに関する興味深い調査結果があります。

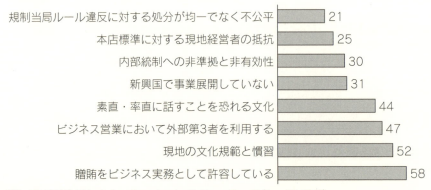

出所：LRN "2013 Ethics & Compliance Leadership Survey Report" (June 26, 2013)

　こうした地域の文化が，脆弱な企業文化を圧倒し，権限濫用や不正行為も躊躇しない行動を後押ししてしまうのです。
　また，トランスペアレンシー・インターナショナル（Transparency International）が発行している世界168カ国の汚職認識指数（以下，CPI）によれば，汚職指数の低い国と汚職指数の高い国のランキングは右図の通りとなっています。
　腐敗には些細な影響力の行使から組織的な贈収賄に至るまで様々な形態があります。トランスペアレンシー・インターナショナルは，腐敗の定義を「受託した権力を個人の利益のために用いること」と定めています。ここで指す利益には，財務的なものだけではなく非金銭的な便宜も含まれると考えられます。また，「贈収賄」を次のように定義しています。「贈収賄：企業が事業を行う中で，不正，違法，または背任にあたるような行為を引き出す誘因として，いずれかの人物から贈与，融資，謝礼，報酬その他の利益を供与または受領すること」
　各国の汚職指数は国の腐敗度を示しており，上位国と下位国を大雑把に見ると，腐敗度は国の裕福さと高い相関性があることが見えてきます。し

▶ 汚職認識指数ランキング

	最も腐敗していない		最も腐敗している
1	デンマーク	176	ソマリア
2	ニュージーランド	175	南スーダン
3	フィンランド	174	北朝鮮
4	スウェーデン	173	シリア
5	スイス	170	リビア
6	ノルウェー	170	スーダン
7	シンガポール	170	イエメン
8	オランダ	169	アフガニスタン
9	カナダ	168	ギニアビサウ
10	ドイツ	166	イラク
11	ルクセンブルグ	166	ベネズエラ
12	英国	164	アンゴラ
		164	エリトリア

出所：Transparency International "Corruption Perceptions Index 2016" (January 25, 2017)

たがって，CPI において最も腐敗していない上位国には，「新興成長市場」（"emerging market"）経済といわれる国は 1 つも見当たりません。

　しかし，アジア諸国の何カ国かが証明するように，「先進」経済国であるからといって，CPI での上位ランクインが可能であるとは限りません。例えば，1960 年初頭以来，韓国は多くの新興国の羨望の的となるような経済成長を享受し続けており，今日では世界で 11 番目の経済大国です。しかし今もなお，このような成長にもかかわらず，韓国はまだ非常に低い CPIランク付けに留まっています。腐敗は実際，同国内では横行しており，地方のビジネス・コミュニティにおいては，腐敗はビジネスの必要悪として広範に受け入れられている現実があるため，この結果も驚くべきことでは

視点11：汚職指数の高い国の不正リスクを侮らない　**131**

ありません。

ラテンアメリカ文化圏における汚職発生環境

　2015年，中南米で最大の経済大国であるブラジルは，ブラジルの国営某石油公社に絡む汚職問題と経済の後退によって深刻な財政難に直面しました。この汚職の影響で，某石油公社が出資している掘削リグ企業の掘削船建造委託先に対する融資が止まったことにより，資本出資している日本企業にも影響が出ました。

　ラテンアメリカ文化圏においては，未だこうした汚職は付き物であり，外資系企業が健全な事業活動を展開することはできないと考える人は多いです。このように汚職が蔓延する社会的環境について考察してみます。

　ラテンアメリカ経済の構造的要因として，土地所有制度と貿易構造が挙げられます。大農場と零細農場の二極分化した土地所有制度は，土地なし労働者の貧困問題の基本的背景であり，経済発展の阻害要因となっています。また，一次産品の輸出に強く依存した貿易構造を有していますので，輸出先地域の需給，輸出価格，交易条件などに輸出状況に国内経済が影響を受ける対外的に脆弱な経済構造を有しており，保護政策と国内市場への政府介入，政府系企業や公営企業が多くなっています。

　こうした環境下，国内産業の保護と既得権を得ていたグループからの政治的抵抗など社会的・政治的安定という視点から，ラテンアメリカ各国および地方政府は，財政政策，為替政策，補助金そして企業へのインセンティブの規制当局として，裁量の幅の大きな強いパワーを有してきました。こうした環境下，汚職の機会には事欠きません。

　また，このような怠惰な政府の姿勢は，犯罪に対する姿勢にも影響がで

132

ています。マネーロンダリングが横行しやすく，洗浄された資金が汚職に利用され，さらに犯罪の取締が緩くなるという悪循環へとつながっています。

　さらに，市場メカニズムを機能させる法的，制度的な基盤やインフラなどが不十分であり，政府や官僚の介入が不可避となっています。企業の経済問題に対して，官僚が無制限の決定権を有していることが多いです。例えば，需要の高い商品・サービスの供給や価格を政府が決定します。こうした，当局の裁量権の大きさが，有利な情報を得るための不正や汚職の機会を作り出すのです。

視点 11 のまとめ

　このように，市場メカニズムを損なう政府の介入と怠惰な政策と情報の不完全性が，汚職が発生しやすくなる不正のトライアングルの"機会"を作り出しているのです。

　もう1つ重要なポイントがあります。それは国の文化です。公平公正な市場を機能させるためのインフラや法律などのハード面に加え，ラテンアメリカで長年にわたり醸成されてきた汚職や賄賂ありきの慣習や行動様式などのソフト面である国の文化も，汚職の発生の機会を提供しています。ソフト面をも含む制度改革は容易なことではありません。今後の民主主義体制の進化と市場機構の発展において，海外の経済主体がより効率的かつ公平公正な市場を強く要求することで，ソフト面を含む制度改革が増幅されることを期待します。

視点11：汚職指数の高い国の不正リスクを侮らない　**133**

視点12：人間行動学から不正行為を理解する

限定合理的な存在である人間

　経済学の世界では，消費者，政府，企業などの様々経済活動を対象としていますが，いずれの行動も合理的経済人を前提としています。一方，ダニエル・カーネマン氏は，人間は直感のように限られた知覚や認知機能に基づいて意思決定しようとする傾向があり，その意味で人間は限定合理的な存在であると説きます。ここでの限定合理性は非合理性を意味するわけではありません。しかし，不正案件が発生した環境に巻き込まれた人間は，なんとも非合理な行動をとる場合があります。

（行動1）人は違法となる選択肢を選ぶことがある[1]

　人間行動は「刺激⇒反応」という単純な反射の概念だけでは説明できず，どのような行動にも必ず「複数の要因」が関与すると考えられます。スキナー氏はある「要因と結果のつながり」を「オペラント行動」と呼びまし

---

[1] 日本公認不正検査士協会「2015年不正検査士マニュアル日本語版」Ⅳ-4頁（2015年）

た。不正実行者が多数あった他の選択肢をなぜ選ばなかったのか，その行動に結び付く「嫌悪刺激」があったなら，その「刺激」がその他の「要因」によっていかに「相殺」され，改善，排除されるのかを考察するわけです。

　例えば，急にお金が必要になった場合，とるべき選択肢はたくさんあります。残業する，口うるさい父には内緒で母から内緒でお金を工面してもらう，友人に頼む，上司に給与の前払いを懇願する，クレジットカードの支払いを猶予してもらう，金利が高くても消費者金融から借り入れをする，などなど。最悪のケースは勤務先の現金を着服するなどの違法行為です。どの選択肢も何らかの嫌悪感をもたらすとすれば，資金に困った人の行動は不快感が最も軽く，罪の意識が許容できる選択肢を選ぶことになります。

　この人が善悪を厳しく教わっていれば，つまり，社会の規範を自分の中に十分取り入れられ，その罪の意識が十分に条件づけされていれば，罪の意識から，嫌悪感を抱かずに済む方法を採用し，違法行為を抑止することができたかもしれません。

　罪の意識，道徳的反応は社会的な訓練によって人間が学びとるものであり，自分が育ったコミュニティで禁じられている行為を通じて「芽生える感情」なのである。そもそも犯罪行為などといった非常に複雑な人間行動を合理的に予測することは不可能です。個人が各々独特の反応は様々で，セルフコントロール，つまり自制心のレベルによって，ある一線を越えたり越えなかったりします。その時々において「正しい」行動に導いてくれるセルフコントロール（自制心）を形成させる必要があり，いかにして条件づけできるかを考えなければなりません。

(行動2) 人は違反行為であっても選択的に遵守する（テイラーの研究）[2]

　従業員に自制心を条件付ける（自己の価値観として取り入れる）ことが重要性です。一方，現実問題としては決して容易なことではないことをトム・テイラー氏（Tyler, T.R.）の研究，いわゆる「シカゴ研究（The Chicago Study）」は説明しています。テイラー氏の研究は特定の6つの日常的な法令順守について調査し，下図のような結論がでました。
　どの違反も「悪い」と回答していますが，スピード違反を非道徳的と見る人が最も少なく，万引きについては99％の回答が道徳に反すると回答し

▶ シカゴ研究

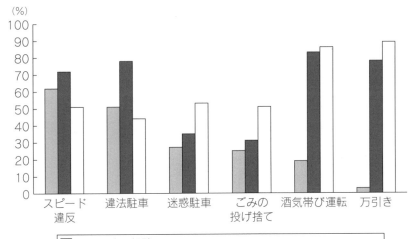

---

[2] 日本公認不正検査士協会「2015年不正検査士マニュアル日本語版」IV-23頁（2015年）

視点12：人間行動学から不正行為を理解する　**137**

ました。スピード違反は，社会規範として遵守が強制されるプレッシャーをあまり感じておらず「個人的な道徳・モラル違反」程度に解釈しているようです。スピード違反は何故自己正当化されるのか。規範を自らの価値観として取り入れることが難しいのはなぜなのか。特定コミュニティで厳しく禁止されていれば罪の意識が芽生えるのかもしれません。最近は，従業員不祥事によるレピュテーションリスク管理としてスピード違反を企業行動規範として厳しく禁止している会社もあり，そのような会社従業員のモラルレベルはおそらく高いものと思われ，異なる結果を示すかもしれません。

（行動3）人は自らの価値観に従った行動を放棄することがある[3]（バイスタンダー・エフェクト）

　不正実行をコミットする前に思い止まるように，各人の自制心のレベルを上げるために企業倫理や行動規範の浸透をはかり統制環境を整備することに注力すべきと説明しました。

　一方，「長いものには巻かれろ」という傾向もあり，その姿勢には伝染性があるため，一部の心なき傍観者の姿勢は会社全体に影響することが確認されています。

　心理学では，不正行為に気付いても止められない理由を「バイスタンダー・エフェクト（bystander effect）」の理論で説明しています。昔，キティ・ジェノバーズ事件という殺人事件がありました。事件が起こったのにもかかわらず現場近くのアパートの住人は誰一人として助けることも警

---

[3]　ダン・アリエリー「合理的経済学の終焉」『Diamond Harvard Business Review』（2009年11月号）

察に通報することもありませんでした。このアパートの住人たちのように冷淡な傍観者になってしまうことをバイスタンダー・エフェクトといいます。

会社を構成する社員全員が，企業倫理に従い，正しい価値観に従って行動していれば不正行為がそれほど進行することや蔓延することはありません。しかし，ポイントは，多くの社員は自らの価値観に従った行動をしばしば放棄するといわれる点です。企業倫理に関わる問題に直面した経営者は，自分の業務責務を越えて，己の内面を暴かれているように感じるわけです。そこで問題を棚上げし，あるいは無視してしまうのです。つまり，そもそも企業倫理に抵触するような問題の解決は，誰もが自己の責務と認識していないのです。課題は日常業務において企業倫理に係る問題に直面し葛藤している従業員を，いかにして正しい方向に導くかにあります。

（行動4）人は権威の命令に弱い（ミルグラムの実験）[4]

従業員の自制心は重要です。さらに企業においては「上席者のモラルがより重要」であることを示した実験を紹介しましょう。

客観的にはいかなる種類の「脅しや罰」も持っていないと考えられる「単なる権威」からのそのような要請に対して人が①どのように服従して他者に危害を加えるような行為に及ぶのか，あるいは②自分自身の普段の価値観に基づいてそうした要請を拒否するのかを調査した実験です。実験の結果から，多くの人は自分からは進んで，人殺しや殺傷に近い危害を加えよ

---

[4] ダン・アリエリー「合理的経済学の終焉」『Diamond Harvard Business Review』（2009年11月号）

視点12：人間行動学から不正行為を理解する　**139**

うとはしないだろうし，そのような人間だと自分を考えてはいないだろうが，ちょっとした権威に命令されれば，結果的にはやすやすと（心理的にそれなりに悩んだとはいえ）人殺しに近い殺傷をも進んでやってしまうものだということがわかりました。エール大学のスタンリー・ミルグラム氏（Milgram, S.）は，①どのように服従して他者に危害を加えるような行為に及ぶのか，②自分自身の普段の価値観に基づいてそうした要請を拒否するのか，について「悪の平凡さ」という言葉を使って説明しています。問題は個人が日ごろ信じているに違いない道徳的な価値などが実際の行為の場で少しも効かなかったということなのです。

　実験の内容は以下の通りです。実験として生徒が誤った時には教師は罰を与えるテストを実施しました。罰は電気ショックであり，答えを間違えるごとに電圧を一刻ずつ上げるように教師役には指示されています。教師役の被験者はときどき躊躇して，実験主催者（つまりミルグラムたちに）にもっと続けるのかどうか助言を求めることがあります。あらかじめ，そのような状況を想定しており，その時のために一連の勧告の言葉が用意されています。それらは「お続けください」「実験のために，貴方は続けることが必要です」「貴方が続けることが絶対に必要です」「迷うことはありません。続けるべきです」の四つのパターンです。そのうち1つを選んで教師役に聞かせることにしています。さらに教師役のためらいが強い時のために2つ目の勧告群が用意されており，それらは「ショックは強いかもしれませんが，皮膚組織に損傷が残ることはありません。どうぞ，お続けください」「生徒がどう思っても，彼が単語の組を正しく学習するまでは，続けねばなりません」の2つであり，その2つの内の1つを選んで教師役に聞かせます。以上の2つの勧告の効き目がなくなれば，更なる勧告なるものはなく，2人のペアの学習は終わることとなります。

　実験結果は「60％の25名が450ボルトまで続けた」。エール大学のミル

グラムらが行った実験はいわば合法的な権威によって普通の人が他人に危害を加えるように命令された時に，彼らがどのように振る舞うかを調査した実験だといえます（実は生徒はさくらでした）。

この実験から学んだ教訓は，①権威に命令されれば，結果的にはやすやすと（心理的にそれなりに悩んだとはいえ）人殺しに近い殺傷をも人間は進んでやってしまう，②従業員の自制心レベルの向上は大切だが，企業においては「上席者のモラルがもっと重要」である，ということです。

（行動5）人は心理的プレッシャーに敏感[5]

人間という生き物は，時に，なんとも非合理的な行動をとるようです。

- 人間の行動を合理的に予測することは不可能である
- ちょっとした工夫で心理的なプレッシャーを与えると，不正発生リスクは軽減される
- 不正を行う機会が訪れる前に「モーゼの十戒」など基本的な倫理基盤や自身の道徳規範について考えるよう求めると不正行為が減る
- 監視下に置かれていない共同作業では不正が発生しやすい
- 人はそそのかされると（機会があると），ちょっとした不正を働くことをいとわない
- うそがばれる可能性が全くなくても，人は大うそつきにはならない
- 現金以外のものと交換することで不正への心理的許容度が拡大する

---

[5] ダン・アリエリー「合理的経済学の終焉」『Diamond Harvard Business Review』（2009年11月号）

視点 12 のまとめ

　企業倫理と行動規範を組織として備え，企業人としての正しい判断能力と自制心を教育しても，不正を起こしてしまうような究極の選択が要請される状況において人間の意志は弱く非合理な行動も起こしてしまうのです。こうした人間行動の限界を理解したうえで，様々な企業活動における異常点を発見するモニタリングが必要となってきます。また，不正の存在を知っている者からの情報提供を促すことも有用です。内部通報システムがその対処の1つなのですが，内部の恥部を告発するようなルートの対応だけではなく，信用できる上司に相談を持ち掛けて問題解決を試みるような，通常のコミュニケーションによる組織の自浄作用で対応できなければなりません。

視点13：「不正リスク管理ガイド（ACFE-COSO Fraud Risk Management Guide (Sep. 2016)）」

COSOフレームワークにおける不正対応の位置づけ

　トレッドウェイ委員会支援組織委員会（以下，COSO）は「内部統制－統合的フレームワーク（以下，フレームワーク）」を1992年に公表しました。このCOSOフレームワークは，瞬く間に，内部統制システムの整備，導入，維持におけるベストプラクティスとなりました。米国におけるすべての上場企業はこのCOSOフレームワークを採用しており，世界中で幅広く利用されています。

　2008年，米国公認会計士協会（AICPA），内部監査人協会（IIA），公認不正検査士協会（ACFE）は，「企業不正リスク管理のための実務ガイド（Managing the Business Risk of Fraud：A Practical Guide）」を発行しました。このガイドは包括的な不正リスク管理プログラムの構築の方法を説明しており，次の5つの原則を設定しました。

- 原則1：組織のガバナンス機構の一部分として，不正リスク管理に係る取締役会と上級管理職の役割期待を伝達するための文書化を含む不正リスク管理プログラムを整備する。
- 原則2：組織が軽減を図らなければならない特定の潜在的スキームやイベントを特定するため，不正リスクにさらされる度合い

143

（exposure）は組織によって定期的に測定されなければならない。

- 原則 3：組織への可能性のある影響を軽減するため，起こりうるのであれば，潜在的な主たる不正リスクを避けるために防止的技術を構築しなければならない。
- 原則 4：防止的手当てが機能せず，軽減できなかったリスクが発現した場合，不正事象を明らかにするために，発見的技術を構築しなければならない。
- 原則 5：潜在的不正に関する情報を入手するための報告プロセスが整備されなければならない。かつ，潜在的不正が適切かつ適時に対処されていることを確認することを助けるため，不正調査と改善活動における組織協調的なアプローチが必要である。

2013 年，COSO は，COSO フレームワークに 17 の原則を盛り込む改訂フレームワーク（以下，2013 フレームワーク）を発行しました。この 17 原則は内部統制の 5 つの構成要素の基本コンセプトを示しています。17 原則の 1 つ，リスク評価に係る原則 8 は次のように要求しています。

【原則 8】内部統制目的の達成に係るリスク評価において，組織は不正の可能性について検討する。

2013 フレームワークが発行されて直ぐに，各企業は，原則 8 にいかに準拠すべきかについてガイダンスを求め始めました。長年 COSO フレームワークを利用してきた多くの企業はこの新たな不正関連の追加要請に不意を突かれました。COSO はもともと不正に焦点を絞って発足しており，不正リスクはフレームワークのコアに位置づけられたはずと誰もが考えてい

たからです。堅固な内部統制システムは組織を不正から守ることはできないのか，との疑問を抱きました。長年，COSOフレームワークを利用してきた企業は，内部統制システムの一部として不正リスクに明確に対処していると外部に対しても表明しています。しかし，問題点は，それらの企業は基本統制の整備・運用だけで不正に十分対応できていると信じている点です。

　内部統制システムにおける基本的統制（職務分離，チェックアンドバランス，コンピュータ全般統制，アプリケーション自動統制，各種承認手続き，上席者による監視など）の整備は，不正意図のない誤謬や虚偽記載を防止する機能を有しています。一方，不正意図のある虚偽記載や粉飾取引への対処は別次元の話であり，共謀や経営者による統制無効化を前提とした環境においては，基本的統制は機能しえません。

　COSO改訂フレームワークの原則8は，すべての企業に対して内部統制の適切性を不正防止・発見の観点から立ち止まって再考することを要求しているのです。不正リスクをより包括的方法で対処することが求められています。

　2015年，より包括的なガイダンス提供の要求に応じるため，公認不正検査士協会とCOSOはタスクフォースを立ち上げました。そして，2016年9月，「不正リスク管理ガイド（ACFE-COSO Fraud Risk Management Guide)）」が発行されました。本ガイドは先に説明した2008年「企業不正リスク管理のための実務ガイド」の内容を改訂するものです。不正リスク管理ガイドが提供する各原則の着眼点を考察します[1]。

---

[1]　日本公認不正検査士協会「COSO—不正リスク管理指針　エグゼクティブ・サマリー」（2016年10月）

　　視点13：「不正リスク管理ガイド（ACFE-COSO Fraud Risk Management Guide（Sep. 2016））」　**145**

不正リスク管理の要素と原則（Summary of Fraud Risk Management Components and Principles）と着眼点

◎統制環境

> 【原則1】　組織は，取締役会および上級経営者の期待と彼らの不正リスク管理に関する誠実性と倫理的価値観に対するコミットメントを表明する不正リスク管理プログラムを確立し伝達する。

　統制環境（企業目標達成の行動規律）とコーポレートガバナンス（受託者としての法的責任，経営責任，説明責任に対する監視）において，不正リスクのガバナンス（Fraud Risk Governance）の視点を織り込むことの重要性を規定しています。

◎リスク評価

> 【原則2】　組織は，具体的な不正スキームとリスクを識別し，不正の発生可能性と重大性を測定し，既存の不正対策活動を評価し，不正の残存リスクを軽減する対策を実施するため，統合的な不正リスク評価を実施する。

　不正リスク評価（Fraud Risk Assessment）は特定時点の静的評価ではなく動的なプロセスとらえるべきであり，かつ，不正の範囲は粉飾決算だけではなく，横領着服・資産流用やマネーロンダリングを含む汚職といった違法行為のリスクも対象とすることが重要です。

◎統制活動

【原則3】 組織は，発生する，または適時に発見されることのない不正のリスクを軽減するための防止的・発見的な不正統制活動を選定，開発，実施する。

不正統制活動（Fraud Control Activity）は予防的または発見的のいずれかに分類されます。動的な不正リスク評価は，不正リスクと不正スキームの特定，不正リスクを軽減する不正統制活動の双方が対象であり，適切な文書化が求められます。

◎情報と伝達

【原則4】 組織は，潜在的な不正についての情報を入手するための情報伝達のプロセスを確立し，調査および不正に適時にかつ適切な方法で対処する是正措置への組織的な取組みを採用する。

不正調査と是正措置（Fraud Investigation and Corrective Action）について，不正統制活動は不正の抑止に対して絶対的な保証を与えるものではありません。万が一，不正が発見された場合に備えて，組織の統治機関は，訴訟リスクとレピュテーション毀損を最小化するため，発見された不正の申立てを迅速，かつ的確，かつ秘密裏に検討，調査，解決できるシステムを開発・実施しておかねばなりません。

◎モニタリング活動

【原則5】 組織は，不正リスク管理の5つの原則の各々が存在し，機能し，運営されているかを確認するための継続的な評価方法を選定，開発，実施し，不正リスク管理プログラムの不具合を，上級経営者と取締役会を含む是正措置の実施に責任を負う当事者に適時に伝達する。

視点13：「不正リスク管理ガイド（ACFE-COSO Fraud Risk Management Guide（Sep. 2016））」 **147**

不正リスク管理の5つの原則の運用状況は，特定時点および継続的に監視する必要があり，組織が適時に必要な変更を特定できるかを確認するため不正リスク管理モニタリング活動（Fraud Risk Management Monitoring Activities）が求められます。

米国司法省による個人責任追及の強化

　不正リスク管理ガイドの内容は，米国司法省が実務において変化しつつある起訴の傾向に合わせて発表した方針に合致するものになっています。不正リスク管理ガイドにおいて言及している「不正調査と是正措置に関する原則4」の整備が企業実務における重要なポイントとなります。

　2015年9月9日，米国司法省（United States Department of Justice，以下，DOJ）は，「企業の不正行為に関する個人の責任（Individual Accountability for Corporate Wrongdoing）」という題目の方針を発表しました。日本企業にも域外適用について影響があるため関心を集めています。DOJ副長官のサリー・イエーツ氏（Yates, S.Q.）のメモランダム（以下，イエーツ・メモ）で，DOJは，企業の不正行為を防ぐ最も効果的な方法の1つは，不正行為を実行した個人の責任を問うことであるとしたうえで，連邦検察官が遵守すべき6つのステップを定めています。DOJの検察官は，これまでも企業と犯罪の責めを負うべき幹部個人との両方に注目して捜査を行ってきており，実務的には多くの点において何ら新しいものではありません。実際，反トラスト局は，反トラスト違反について企業だけではなく個人も起訴することに積極的に取り組んできています。過去の実務からの抜本的な方向転換であるかどうかは議論のあるところですが，捜査対象となった企業が，捜査協力による減免措置を受けるための条件として，従

業員について徹底的に調査を行い，犯罪の責めを負うべき個人を特定することが明示的に示されたことは重要です。

米国において，企業不正の捜査対象となった企業が，司法取引により量刑軽減や訴追延期・免除などの減免措置を求める場合，一定のコンプライアンス・プログラムが整備されていれば，連邦量刑ガイドラインに定めた量刑のうち罰金額の軽減等があります。さらに，捜査協力における減免措置を得るためには，検察官が遵守すべき次の6つの重要なステップに従う必要があります。

① 捜査協力によるいかなる (any) 減免措置を得るためには，企業は企業不正に関与した個人に関するすべての関連情報を DOJ に提供しなければならない。

② 企業に対する刑事・民事いずれの捜査も，捜査開始時から個人に焦点を合わせるべきである。

③ 企業の捜査を手掛ける刑事・民事の弁護士は，日常の連絡のやり取りを行うべきである。

④ 特別な事情がある場合を除き，企業との決着が個人の民事・刑事責任を免除することを意味しない。

⑤ 関係する個人の事件を解決する明確な計画無しに出訴期限満了前に企業事件を解決すべきではなく，当該事件において個人が不起訴処分にする場合には文書化されなければならない。

⑥ 民事担当の弁護士は，企業と同じく個人にも一貫して着目すべきであり，個人の支払能力の域を超えて，処々の考慮事項に鑑みて，個人を起訴すべきかを評価すべきである。

企業が多額の罰金を支払い，実行犯が罰を免れることができることに対

する批判が存在します。今回の措置も，2008年の金融危機において，本来，企業不正の責任を負うべき個人に対する訴追が行われなかったことに対する世論の批判に対応したものとも解されます。しかし，企業犯罪（ホワイトカラークライム）について個人を起訴するためには，合理的な疑いの余地なく犯罪行為を証明するための知識が必要であり，また犯意を特定の者が有していたかどうかを判断するには相当な困難が存在します。実際，DOJは，犯罪行為を実行した上級幹部を特定することが難しいことを認めていますが，従業員ではなく，幹部や犯罪の責めを負うべき経営者を特定したいと考えています。

　企業が捜査を受けるとオペレーションの混乱と多額の費用が生じます。企業経営者や従業員も捜査対象となれば，その混乱と費用は膨らむばかりです。企業としてまず考えることは，行政機関による処分を受けることが無いように様々な対策を行っていくことです。その際，単に行政方針の変更内容を説明するだけではなく，コンプライアンス遵守の企業文化を醸成することが肝要なのです。

日本取引所自主規制法人による「上場会社における不祥事対応のプリンシプル」

　2016年2月24日，日本取引所自主規制法人は，「上場会社における不祥事対応のプリンシプル」を発行しました。

　上場会社は，社会の公器としての自覚を持ち，自社グループに不祥事が発生・察知した場合は，速やかにその事実関係や原因を徹底して解明し，その結果に基づいて確かな再発防止を図る必要があります。このような自浄作用を発揮することで，ステークホルダーの信頼を回復するとともに，企業価値の再生を確かなものとすることが強く求められているのです。

不祥事への具体的な対応は各社の実情や不祥事の内容に即して行われるものなので，すべての事案に関して一律の基準によって規律するルール・ベースではなく，プリンシプルと位置付けて，次の4つのステップを要求しています。

① 　不祥事の根本的な原因の解明：不祥事の原因究明に当たっては，必要十分な調査範囲を設定の上，表面的な現象や因果関係の列挙にとどまることなく，その背景等を明らかにしつつ事実認定を確実に行い，根本的な原因を解明するよう努める。そのために，必要十分な調査が尽くされるよう，最適な調査体制を構築するとともに，社内体制についても適切な調査環境の整備に努める。その際，独立役員を含め適格な者が率先して自浄作用の発揮に努める。

② 　第三者委員会を設置する場合における独立性・中立性・専門性の確保

③ 　実効性の高い再発防止策の策定と迅速な実行

④ 　迅速かつ的確な情報開示

　第一ステップの「不祥事の根本的な原因の解明」の内容は，不正リスク管理ガイドにおいて言及している「不正調査と是正措置に関する原則4」への対応にも大変役立ちます。

視点13：「不正リスク管理ガイド（ACFE-COSO Fraud Risk Management Guide（Sep. 2016））」 **151**

視点 13 のまとめ

　不正リスク管理ガイドは不正発生を効果的に抑止し適時に発見するために求められるフレームワークですが，その仕組みや文書化を単に不正リスクに対応してチューンアップしても，その実効性はあがりません。統制環境には，不正を監視する側の不正リスクのガバナンス（Fraud Risk Governance）の視点を織り込むだけではなく，不正を行う側を抑止するために企業文化にメスをいれリスク感度を高める必要があります。また，不正を監視する側の懐疑心やバイアスについても特別の配慮が必要となります。

視点14 ：フォーレンジック（不正捜査）監査技法

フォーレンジック（不正捜査）監査技法の導入の経緯

2002年，米国において，世界5大会計事務所（当時Big 5）の1つであったアーサーアンダーセンは，監査クライアントの巨額不正会計が発覚したことに関連し，事務所レピュテーションを毀損し解散に追い込まれました。日本においては，2006年，中央青山監査法人は監査クライアントの会計不祥事を原因として業務停止処分となり，その後，みすず監査法人に改称したものの業績回復には至らず解散に追いやられました。こうした事態に対応して，公認会計士監査の監査基準は不正対応型に進化してきましたが，残念ながら，日本に限らず，企業の不正会計が株式市場に甚大な損害を与える会計スキャンダルは継続多発しており，重要な不正を発見できなかった公認会計士監査に対する批判や訴訟は年々増加しています。

公認会計士監査は健全な株式市場の維持発展のためのゲートキーパーとして必須の存在であり，現在の公認会計士監査に対するマーケットの不信感は放置できません。重要な不正会計を発見できなかった根本原因分析（root cause analysis）を十分に行ったうえで監査基準が改訂されていますが，その後も，監査の失敗事例が実際に発生している状況を鑑みるに，不正対応のスキルと経験値の向上をさらに促進させる必要があります。そこで，監査基準の改定の元となった根本原因分析の調査結果を紐解いて，公認会

153

計士監査の不正対応アプローチにおいて何がうまく機能しており何が機能しにくいのかを探ってみたいと思います。

2002年米国サーベンスオクスリー法の制定のきっかけとなった大規模会計スキャンダルが起こる以前，米国証券取引委員会（SEC）の元会長アーサーレビットは，1980年代後半から90年代にかけて相次ぐ不正会計を原因とする訂正報告（restatement）の件数が増加していることに鑑み，会計事務所の監査品質（audit quality）の低下と企業の財務報告における利益の質（quality of earnings）の低下を危惧して，ビッグバスや重要性の濫用など，当時の不正会計の手口と傾向を述べた意見書「ナンバーズ・ゲーム（Numbers Game）」を発表しました。

同時期に，米国SECの要請に基づき，米国公共監視審査会（the Public Oversight Board（POB）），現在の米国公開会社会計監視委員会（PCAOB）の前身）は8名のメンバーを指名し，「監査の有効性に関する専門委員会」（The Panel on Audit Effectiveness）を設置し，現行の公認会計士による監査モデルについて綿密な調査を実施しました。その結果として，Report and Recommendations, Panel on Audit Effectiveness（August 31, 2000）（以下，パネル勧告書）を公表しました。この最終報告および勧告書に基づいて米国公認会計士協会・監査基準審議会は監査基準書第82号「財務諸表監査における不正の検討」を改定しました。

パネル勧告書第3章「利益操作と不正（Earnings Management and Fraud）」は不正発見に対する公認会計士の責任とガイダンス，利益操作（earnings management）と利益の質（quality of earnings）のコンセプトと不正との関係，発見事項と勧告事項，公認会計士が不正会計を発見する確度を改善するために導入すべきフォーレンジック（不正捜査）タイプ（forensic type）の手続きについて言及しており，公認会計士監査の不正対応アプローチに対して多くの示唆を与えています。

154

パネル勧告書は次のような基本的な結論に至っています（3.43，3.44）。財務諸表に重大な虚偽記載がないことについての合理的保証（絶対的保証ではない）は適切なレベルと考えます。この保証水準を「合理的確信」からより高い水準，すなわち，高水準の「実質的確信（high or virtually certain)」などに上げることは，監査専門職に非合理な負荷を与え，正当化できない過度なコストを企業に課すことになるからです。したがって，一般に公正妥当と認められた監査基準の監査（GAAS audits）を不正捜査監査（forensic, fraud-type audits）に切り替えることは，費用対効果考量の視点から正当化できないとしました。

　一方，パネル勧告書は職業的懐疑心の深化のためにトレーニングがとても大切だと指摘し，不正捜査監査のバックグラウンドを有する監査人をこのトレーニングに利用することは有益であるとしています（3.52）。公認会計士は，時折，不正会計発見の責任に対して不安を表明することがあり，特に共謀や文書偽造を含む不正の場合は不正会計を摘発する能力について懐疑的であると表明していることを理解しています。多くの公認会計士は不正捜査監査技法に対して一般的に精通していると表明していますが，一般に公正妥当と認められた監査基準の監査（GAAS audits）においてそのような技法を大いに活用しているという証拠はない，とも指摘しています（3.38）。不正捜査監査技法に精通した経験豊富な不正監査の専門家（公認不正検査士など）の利用は，既に実務において導入済みとはいえ，その範囲と深度は限定的であり，今後の公認会計士監査の不正監査対応において，検討課題の1つであると考えます。

視点14：フォーレンジック（不正捜査）監査技法　**155**

非定型仕訳の検証対象の選定と判断

（現状） 膨大なボリュームの非定型仕訳データの中から異常な仕訳を抽出し，その中から不正会計に係る仕訳の有無を判断する業務を行うわけだが，効率性の視点からは，コンピュータにより抽出され調査すべき異常仕訳のサンプル数をできるだけ少なくなるようにしたいというプレッシャーが生じがちである。また異常を示した抽出サンプルに対して，異常になっている原因について仮説を立てる担当者が，熟練者ではなく知識や経験が少ない公認会計士が担当する場合もありうる。

（改善対応） コンピュータ抽出におけるパラメータ設定の質と判断業務における担当者の質がポイントになる。双方の質を確保し，適切な仮説シナリオを想定したうえで，異常仕訳を徹底的に吟味することが肝要である。そのためには，知識や経験が少ない公認会計士が担当することは論外であり，知識や経験が豊富な公認会計士の担当に加え，不正捜査の知見とセンスを有することが望まれる（公認不正検査士など）。

　パネル勧告の発見事項（3.34）は非定型仕訳に対する手続きについて次のように言及しています。"不正会計はしばしば非定型仕訳を利用して架空収益や取引を計上することで実行されます。しかし，非定型仕訳の作成，プロセス，承認に係る会社のシステムを理解していない監査業務が15％ありました。さらに，31％の監査業務において，期末あるいは他の期間にかかわらず，非定型仕訳の特定と査問を行う監査手続を監査人が実施していないことが示されています。監査人が非定型仕訳に対してそのような手続きを実行する際には，当然ながら，適切な知識とスキルを有する個人が担当すべきで，有意義なやり方でなければ意味がありません。"

ポイントは2点と考えます。

① 非定型仕訳から異常と思われる仕訳の抽出作業の効率性と効果性

　非定型仕訳は膨大にあります。その中から異常と思われる仕訳を効率的にかつ効果的に抽出・特定する必要があります。コンピューターを利用することで効率性は確保できますので，問題の本質は，不正に関連する仕訳の異常性をどのような視点でコンピュータに抽出させるかという「パラメーターの設定の質」です。異常仕訳抽出を絞り込むことで公認会計士が行う判断業務は減少しますが，絞り込みすぎると不正を見逃すリスクが反対に増加してしまいます。不正シナリオについて具体的なイメージを描いてパラメーターを設定することが肝要です。

② 担当者の高度な知識とスキルレベルの確保

　異常と思われる仕訳の中から不正を実行する仕訳の特定作業は機械ではなく公認会計士が行う判断作業です。粉飾のための不正会計は外観から異常点がわからないように隠蔽が図られているわけで，それを見抜くための適切な知識とスキルは相当レベルの高いものが必要であることを理解して「担当者の質」を確保する必要があります。そうしないと，異常値を特定してもその根本原因が何であるかについて適切な仮説シナリオを立てることができず，不正会計の糸口をとらえていても本丸までたどり着くことはできないからです。

費用対効果を考慮したリスクベースアプローチ

監査資源が限られた環境下，費用対効果を比較考量したリスクベースア

視点14：フォーレンジック（不正捜査）監査技法　**157**

プローチの不正対応においては，不正に関連していそうな異常な仕訳をいかに効率的に特定するかが監査の成否を分けるポイントになります。不正な仕訳又はその他の修正の特徴としては以下が挙げられます（ISA240.A43[1]）。

- 無関係の，異常な，又はほとんど使用されない勘定に行われる仕訳
- 通常の仕訳作成担当者でない個人が行う仕訳
- 説明又は摘要の記述がほとんど無いか，または何も無い，期末又は決算後に記録された仕訳
- 財務諸表の作成前又は作成中に行われた勘定科目番号を持たない仕訳
- 概算値，又は末尾に同じ数字が並ぶ値を含んでいる仕訳

このような特性を有する不正仕訳を抽出するのはコンピュータが得意とするところです。コンピュータに設定する抽出パラメーター（指標）の例示としては次が考えられます。

◎指標1：無関係な科目・通常と異なる科目・滅多に使用されない科目を使用した仕訳

- 検証対象会計期中に，使用頻度X回以下の科目を使用した仕訳を出力する
- その科目の仕訳の平均値からこの数値の標準偏差だけ上回った仕訳を出力する
- その科目の中間値からX倍上回った仕訳を出力する

---

[1]　日本公認会計士協会国際委員会訳　国際監査基準（ISA）240「財務諸表監査における不正に関する監査人の責任」（2007年9月）

- 仕訳金額の中で上位 X 位の仕訳を出力する。（この場合の仕訳金額とは，国内通貨でのすべての借方金額のこと
- 転記金額の中で上位 X 位の仕訳行を出力する。（この場合の転記金額とは，現地通貨でシステムに入力された金額のこと

◎指標2：過去に仕訳を作成していない個人による仕訳
- 検証対象会計期中に，仕訳を X 回以下，作成しているユーザーを出力する
- 全ユーザーの転記金額と件数集計結果を出力する

◎指標3：最終会計期もしくは締め日後に記録された仕訳のうち，説明や摘要のない，もしくは少ない仕訳
- 締め日より XX 日前以降に転記された仕訳を出力する
- 上記の仕訳のうち，摘要欄が空欄か XX 文字以下の仕訳を出力する
- 締め日より XX 日後までに転記された仕訳を出力する
- 上記の仕訳のうち，摘要欄が空欄か XX 文字以下の仕訳を出力する
- データに不備のある仕訳を出力する（転記金額，転記日，ユーザー，摘要，有効日，仕訳 ID が欠けているもの）
- 転記日と有効日が XX 日以上離れている仕訳を出力する
- 銀行休業日や週末に転記された仕訳を出力する
- 摘要に以下の言葉を含む仕訳を出力する：
  audit; fraud; reverse; fudge; *use; hide; delete; remove; *adj; director; *mis; suspen*; err*
- X 行以上の行項目を持つ複雑な仕訳を出力する

視点14：フォーレンジック（不正捜査）監査技法　**159**

◎指標4：財務諸表作成中もしくは作成以前に作成された会計科目コードを持たない仕訳

- 科目コードのない仕訳を出力する

◎指標5：概数か一貫した数字で終わる金額を含む仕訳

- 概数になっている仕訳を出力する（000's）
- X桁繰返し同じ数値で終わる仕訳を出力する
- 重複している転記金額のうち，上位X位の仕訳を出力する（この場合の転記金額とは，現地通貨でシステムに入力された金額のこと）
- ベンフォードの法則に基づいた期待値に対する頭数字の頻度をグラフ化する

ベンフォードの法則[2]

　ベンフォードの法則をご存知でしょうか。例えば，朝刊に載っている数字を見てみましょう。新聞の第1面を見ただけでもたくさんの数字が載っています。「廃炉費用が年800億円程度から……」「8月に国大協の入試委員会……」「5,300名を解雇処分……」。

　これらの数字はお互いに無関係であって，ほぼランダムの数字とも思われますが，実は，これらの数字はある傾向の分布をするといわれています。例えば，1から始まる数字はどれくらいあると思われますか。2から始まる数字はどうでしょう。どの数字で始まるものも同じ発生確率ではなく，

2　ロブ・イースタウェイ，ジェレミー・ウィンダム著，水谷淳訳『数学で身につける柔らかい思考力』ダイヤモンド社（2003年）

実は，ランダムにとってきた数が1で始まる確率は，他の数字に比べてずっと高く，約半分の数が1か2で始まります。そして，9から始まる数は最も少ないという傾向があります。

1939年，ゼネラル・エレクトリック社の技術者フランク・ベンフォード氏（Frank Albert. Benford, Jr.（1883-1948））が発見したもので，都市の人口，株価，川の長さ，スポーツの成績など様々な数に当てはまります。ランダムな数字の集合体から，各数字の最初の一桁を取り，その数字が発生した回数を並べると，一定のルールが存在するという法則です。数字の最初の1桁を発生回数で並べた場合，1の出る確率は2が出る確率より高く，また2の出る確率は3より高い，といったように，数字の高いものほど発生確率は低いという内容のルールです。具体的には30％以上の数字は1から始まり，17.6％は2から始まります。また，この法則は最初の1桁だけではなく，最初の2桁，3桁においても同じ法則が成り立つことも実証しています。

▶ ベンフォードの法則

最上桁の数字	1	2	3	4	5	6	7	8	9
確率（%）	30	18	12	10	8	7	6	5	4

会計データの場合，10，20，30，40などのゼロがつく数値の発生確率が多いことが経験的にわかっていますが，おおよそ，会計数値においてもベンフォードの法則が当てはまります。1990年代初め，会計学校講師のマーク・ニグリニは，学生たちに企業収支のデータについて，あることを調べるように課題を出しました。それは，「企業収支の各数値の最高桁の数字がベンフォード則に従った分布を示すかどうか確かめよ」というものでした。ある学生が親戚の経営する金物屋の帳簿を調べたところ，その数字の

視点14：フォーレンジック（不正捜査）監査技法　**161**

分布はベンフォード則の分布とは全く違うものになりました。それは，1から始まる数値はベンフォード則によれば30％のはずなのに，この帳簿では93％もありました。そして，残りはすべて8か9で始まる数値でした。つまり，この帳簿に何かおかしなところがあるということを示す結果となったのです。これをきっかけに，多くの会計士が不正経理を発見する方法としてベンフォード則を採用するようになったそうです。

しかし，ベンフォードの法則により発見できる会計不正は，不正意図のある仕訳を多数入力した場合に限ります。例えば以下の通りです。

- 金額を一定の水準以下に抑えるために，規定より若干下回る数字を入力した場合。例えば，承認なしでの費用計上の上限が5万円で，承認上限ぎりぎりの4万9千円を多数入力した場合。
- 金額を一定水準以下に抑えるために，数字を細切れにして入力した場合。例えば1,500万円の金額を入力するのに，半分の750万円を2度に分けて入力した場合。
- 特定金額以上の仕訳入力が困難で，仕訳金額を細分化した場合。例えば1億円以上の金額の入力がシステム上，不可能なため，10億円を計上するのに，9,999万円を10回，入力した場合

したがって，不正会計を多くの仕訳で隠ぺいしている場合ではなく，少ない仕訳で隠蔽している場合においては，ベンフォードの法則を利用したアプローチでは不正発見の効果はあまり期待できません。少ない仕訳による不正会計は，その特定は比較的容易であり，むしろ監査の主眼は，屁理屈で正当化された不正会計処理に対して，バイアスのない客観的な評価を行い，職業的懐疑心を発揮して他の証拠を発見し，経営者の偏向（バイアス）を見抜くことにあります。

経営者の誠実性について中立の立場を堅持するだけでは不十分

> **（現状）** 不正リスク対応の監査における職業的懐疑心は，経営者が誠実であるとも不誠実であるとも想定しないという中立的な立場を堅持している。
>
> **（改善対応）** 不正捜査型の監査局面に際しては，従前の中立的な精神態度ではなく，経営者の不誠実を前提とした職業的懐疑心が必要である。

　我が国の監査の不正リスク対応における職業的懐疑心の考え方は，"従前の監査基準で採られている，監査を行うに際し，経営者が誠実であるとも不誠実であるとも想定しないという中立的な観点を変更するものではない"という立場をとっています[3]。

　職業的懐疑心とは疑問を提起する精神であるとともに監査証拠に対する批判的評価です（パネル勧告（3.8））。監査基準書は，経営者が誠実であるとも不誠実であるとも想定しないという中立的（neutral）な立場を採用しており，不正捜査型の監査や法律等の権限に基づく調査における前提と異なっています。一方，不正捜査型の監査は，反証がない限り，経営者の不誠実を前提として考えます。

　監査のすべてのプロセスにおいて，経営者の誠実性をニュートラルと見做した中立型の職業的懐疑心を，経営者を不誠実と看做した職業的懐疑心へ移行すべきとは勧告していませんが，不正リスク対応の監査フェースに

---

[3]　企業会計審議会「監査における不正リスク対応基準の設定に関する意見書」（2013年3月26日）

視点14：フォーレンジック（不正捜査）監査技法　**163**

おいては，監査人は中立型コンセプトの職業的懐疑心を修正し，様々なレベルの経営者の不誠実な対応（共謀，内部統制の無効化，文書偽造）を前提として監査を行うべきです（（パネル勧告（3.51））。

現代の財務諸表監査は不正リスク対応の監査の基準を導入したとはいえ，経営者による内部統制の無効化，共謀，文書偽造などの固有の限界について，発見の困難性や専門的能力の欠如などを主張しており，不正発見に対する資本市場の期待と監査人の間の期待ギャップは未だ解消していないように思われます。

一方，資本市場をはじめとするステークホルダーの監査の失敗に対する反応は年々厳しくなってきており，規制当局による課徴金事例の増加だけでなく，欧米並みの巨額な損害賠償金を監査人に請求する訴訟も増加傾向にあります。

このような環境変化を鑑みるに，公認会計士による財務諸表監査が持続的に資本市場の番人として社会貢献し続けるためには，財務諸表に対する保証水準は絶対的なものではなく相対的で合理的な水準の適正性をゴールとして目指すものであるとはいえ，不正や誤謬による重要な虚偽の表示を一切見逃さない，一切の監査の失敗を許容しないという不退転の決意と高い志とそれを実現するための厳しい実行施策が必要と考えます。

特に職業的懐疑心については，監査基準における単なる専門用語ではなく，監査人の日々の業務に対する取組み姿勢，生き様（way of life for auditors）のレベルに昇華させるべきものです。また，不正や誤謬による重要な虚偽の表示を発見するというゴールを実現するためには，監査人は不正の発見同様に，不正の抑止・防止に対しても指導的機能を発揮しなければならないことを忘れてはいけません。

分析的手続重視の偏重には注意が必要

> **（現状）** 多くの不正会計は複雑な不正手段により予算乖離，前年同期比乖離，他社比較乖離や会計数値間の整合性を調整し，外観的には正しいように監査人には見えるように隠蔽しているので，分析手続で不正会計を直接発見することは困難である。分析的手続により異常点が特定されなかったという事実が，むしろ，誤った心証を公認会計士に与えかねないので，分析的手続重視の偏重の近代監査は不正会計の発見という視点においては限界を理解しておく必要がある。
>
> **（改善対応）** 不正会計を発見するには，財務諸表の前年同期比較や予算比較ではなく，組織や部門や個人において，不正を起こしうる不正のトライアングル（動機，環境，正当性）が発生しうる危険な状況にないかを検討することが肝要である（不正レッドフラッグの調査）。情報源は経理部が提示した財務データではなく，経理部から独立した客観的情報（業務プロセスのウォークスルーやインタビュー，営業部の販売数量，同業他社の業績発表や業界情報など）や重要な虚偽の表示を示唆する状況（社内通報・内部告発，稟議書における通例ではない取引，文書の偽造，矛盾する証拠，不適切な期末修正，確認状の不一致など）を広く深く比較検討することが有用である。特定された不正リスクにおいて想定した不正シナリオに関連する勘定科目や取引種別に対して実証的検証手続を徹底的に行うことが重要で，検証対象の抽出と検討にあたっては不正捜査における知見とセンスが有益である。

　不正会計発見のための検証は，詳細テスト（tests of details）あるいは精密な分析的手続（precise substantive analytical procedures）を実施すべきで，経営者は内部統制を無効化できるので，不正会計を発見するためには内部

統制の検証は有効ではありません（パネル勧告の勧告事項（3.51））。また、最も洗練された不正会計は監査人に発見されないように隠蔽されており、監査人が分析的手続を行う際、会計数値の策定や会計数値間の整合性は外観的には正しいように監査人には見えているのです（look right）（パネル勧告の勧告事項（3.41））。こうした完全な隠蔽状況に仕上げるには、外観的に正しく見えるまで、非定型仕訳を多用し、会計数値をもてあそぶ（play around）テクニックが必要である点が不正会計の特徴なのです。

　近代監査におけるリスクベースアプローチにおいては、分析的手続を積極的に採り入れ、異常事項を効果的に発見することで監査重点領域を絞り込む傾向があります。限られた監査資源を有効に活用するために有効な手段です。しかし、不正会計対応の視点からは、分析的手続ではなく実証的テストに重点をおいた監査を実施することが有効と考えます。

　ではどのような作業により不正会計の糸口を発見することができるのでしょうか。非定型仕訳から異常な仕訳を特定するアプローチや、経済合理性について疑問がある取引を会社の稟議書等から特定するアプローチも不正リスク対応として織り込まれています。一方、リスクベースに基づく効果的、効率的監査という視点からは、世界中の会計帳簿データを対象に調査を行う前に、どの事業体やどの部署に不正会計のリスクが高いのかを評価する必要があります。この目的の達成には、不正を起しやすくする不正のトライアングル（プレッシャー、機会、正当化）の視点において、危険な状況にないかを検討すること（不正レッドフラッグの調査）が大きく役立ちます。

不正レッドフラッグ（危険信号）

　不正レッドフラッグ（危険信号）と呼ばれるものは世の中にはいくつも
あります。全米取締役会ブルーリボン委員会報告や米国監査基準 99 号な
どに示されています。以下の図は，公認不正検査士協会が示した不正実行
者の行動面における不正の兆候です[4]。

　本書において問題としているのは，ホワイトカラー犯罪の中でも不正実
行者の犯行心理がとても複雑な経営者が主導する不正会計です。経営者不
正は企業内における職位維持のための自己保身を動機としている場合が多
いので，不正実行者の行動面における不正の兆候は，むしろ目立たないの
かもしれません。

　実務的に利用可能な詳細さを備えた組織面における不正兆候のチェック
項目のリストを下記に用意しました[5]。該当項目が多い事業体は不正のトラ
イアングル 3 要素への影響が大きいと考えられます。

---

[4]　日本公認不正検査士協会「2016 年度版　職業上の不正と濫用に関する国民への報告書」
　　図 73（2016 年）
[5]　稲垣浩二『不正会計防止プログラム』183-190 頁，税務研究会出版局（2008 年）

視点14：フォーレンジック（不正捜査）監査技法　**167**

▶ 犯行者が示す行動面における不正の兆候　不正スキーム別

▶ 組織面における不正兆候チェック項目

Q1	会社は経営者のインセンティブボーナスとして過度に積極的（unduly aggressive）な利益目標等の達成を条件としている
Q2	経営者は会社の株価または利益傾向を保つ（増加させる）ために非常にアグレッシブな会計実務を採用する傾向がある
Q3	経営者は過度に積極的な，あるいは明らかに非現実的は予想の達成（金融機関やアナリストの期待）を組織においてコミットする
Q4	経営者は税金節約目的から財務報告上の利益を小さくする不適当な方法に固執する
Q5	経営者は企業価値や企業倫理を指示していないし伝達もしない
Q6	経営者は不適当な企業価値や企業倫理を伝達している
Q7	取締役会による監視が機能不全で，経営が特定の個人あるいはグループに支配され言いなりになっている
Q8	会社は重要な内部統制を適切に監視していない
Q9	経営者は内部統制上の重要な不備を適時に改善していない
Q10	経営者は非現実的な財務目標を設定しそれを営業担当部署に達成を期待する
Q11	経営者は取締規制当局に対する重大な無視を表明する
Q12	経営者は会計，IT，内部監査に関するそれぞれの部署に無知あるいは有効でない人物を雇用する
Q13	財務会計を担当する役員でもないのに，会計方針の選定，重要な見積もりの決定に対して過度に関与してくる
Q14	重要な人材（上級役員，弁護士，取締役会メンバー）の退任が多い
Q15	会計，監査，報告事項に関して，経営者は外部監査人（現，前任）と緊張した（不自然な）関係となっている
Q16	経営者は監査人に対して非現実的な要求をする（監査完了あるいは監査報告書発行に対する非合理的な時間制約）
Q17	経営者は監査人に対して従業員への接触（インタビュー）や情報入手に対して正式（あるいは非正式）な制限を設けている
Q18	経営者は外部監査人が取締役会あるいは監査委員会と話すことを妨げる
Q19	経営者が外部監査人との協議あるいは監査人の作業範囲に影響させることを意図して，横柄，傲慢な態度をとる

視点14：フォーレンジック（不正捜査）監査技法　**169**

Q20	過去に，会社あるいは経営者による証券法違反，不正の発生あるいは疑義が生じたことがある
Q21	会社の収益力，財務健全性を悪く開示することになりうる新たな会計基準，現地法令，規定要求がある
Q22	会社が属する業界が利益率の低下によるマーケットの集中化，競争激化していることを示す根拠がある
Q23	会社が属する業界全体が，顧客の要求に応えられないビジネス上の失敗が増加している
Q24	会社はテクノロジーの急激な変化や急激な製品陳腐化に脆弱な不安定な業界に属している
Q25	会社の営業キャッシュフローを生み出す能力が財務報告上の利益水準と平仄が合わない
Q26	会社は競争に勝ち残るため追加資本を調達するプレッシャーがある（財政状態を良く見せる必要がある）
Q27	重要な見積もりがかなり主観的な判断と未確定事項に基づき，近い将来における潜在的な重要な見積もりの変更は財務的に破滅的な影響を招く
Q28	会社は強い財務基盤を誇り，購入業者や顧客に対して契約条件を要求できる程の業界を支配する能力を有する
Q29	会社は通常のビジネススキーム外で，関連当事者との間で重要な取引を行っている，あるいは監査を受けていない会社と取引を行っている
Q30	取引実態に疑義が生じるような，重要，稀な，非常に複雑な取引を行っている
Q31	営業目的が明確ではなく，タックスヘイブンに重要な銀行勘定，子会社，支店を有して営業活動を行っている
Q32	会社組織が非常に複雑（数が多く普通ではない事業体，営業目的が明確でない契約）
Q33	組織をコントロールしているグループあるいは個人が特定できない
Q34	同業他社と比べ，普通ではない急激な成長，収益性を達成した
Q35	利率の変動に非常に脆弱な会社である
Q36	会社存続は借入金次第である
Q37	会社は借入金の返済と借入条件の維持が困難である

Q38	会社は非現実的な売上をベースとするインセンティブプログラムを維持している
Q39	会社は切迫した倒産，担保権喪失，敵対的買収（hostile takeover）と直面している
Q40	重要な未決取引（企業買収など）が会社の財務業績によって影響をうける（contingent on the financial performance）
Q41	経営者が個人的に会社の借入金を保証している
Q42	会社は多額の現金を手持ち現金として保有している
Q43	会社の棚卸資産は小型で高額あるいは需要が多い性質を有する
Q44	会社の資産は換金性が高い（持参人払いの証券，ダイヤモンド，コンピュータチップ）
Q45	会社の固定資産は小型，市場性があり，所有権特定がなされていない
Q46	経営者は適当なレベルの監視を怠っている（離れた事業所など）
Q47	着服，横領が起こりやすい資産にアクセスできるポジションに対する採用申請を適切にスクリーニングしていない
Q48	会社は資産保全を図るための適切な記録手続きを有していない
Q49	会社は独立テストの実施や適切な職務分掌（segregate duties）を怠っている
Q50	会社は取引の権限と承認に関する適切なシステムを有していない
Q51	現金，投資，棚卸資産，固定資産に対する資産保全が脆弱である
Q52	会社は取引（返品等）を適時，正確な方法で文書により保管しない
Q53	会社は主要な統制機能にある従業員に対して休暇をとることを強制していない
Q54	従業員は近い将来解雇があること，給与が変わること，給付プランが変わることを知っている
Q55	会社から悪い評価を受けている従業員が着服，横領の可能性ある資産にアクセスできる
Q56	着服，横領の可能性ある資産にアクセスできる従業員の著者生活やふるまいにおいて不自然な変化が認められることを経営者は気付いている
Q57	着服，横領の可能性がある資産にアクセスできる従業員に悪影響を及ぼす個人的な財務的プレッシャーを経営者は気付いている

視点14：フォーレンジック（不正捜査）監査技法　**171**

Q58	コーポレートガバナンスが脆弱で有効ではない
Q59	ガバナンスに関係する者が財務報告，会計，内部統制に対してほとんど注意を払わない
Q60	経営者は自己の個人資産を会社に非常に集中させている
Q61	取締役会や監査委員会による財務報告プロセス，内部統制に対する監視が有効でない
Q62	内部統制における重要な不備を含み，会計および情報システムが有効でない
Q63	不適当な会計処理を，経営者は重要性を濫用して正当化しようと繰り返す
Q64	経営者はITを適切に理解していない
Q65	自動記録に対するアクセスコントロールが適当でない
Q66	従業員は資産の着服，横領に関連するリスクを軽減するまたは監視する必要性を無視している
Q67	従業員は既存の統制を無視する，あるいは既知の統制不備の改善を怠ることで資産着服の内部統制を軽視している

視点 14 のまとめ

　フォーレンジックという言葉は，この 10 年ほどで，監査業界において完全に定着しました。フォーレンジック不正捜査手法そのものは，財務諸表監査にも徐々に取り入れられていており，それほど目新しいものではありません。むしろ，不正会計や経営者の誠実性に対する懐疑心のレベルと不正発見アプローチのコンセプトの違いの方が重要です。

　フォーレンジック不正捜査の第一人者である公認不正検査士の姿勢・アプローチは，不正実行犯以外にその不正スキームを知るものが必ずいるという前提をおき，情報提供者を自分の味方につけるために，信頼（ラポール）を築き，傾聴し，常にオープンであることが重要であるというものです。そしてその信条は，「歩き，話し，見て，聞くことで真相を突き止めよ。動き回り，外向的で，傾聴する懐疑論者であれ」とあります[6]。

　財務諸表監査における不正対応アプローチにも，情報提供者の存在を意識した手続きを組み込むことで，不正発見の実効性が高まるのかもしれません。多くの一般事業会社では，不正防止プログラムの一環として内部通報制度の整備が進んでいますが，まさに情報提供者の存在を前提とした仕組みといえます。

---

[6]　日本公認不正検査士協会「歩き，話し，見て，聞くことで真相を突き止めよ　動き回り，外向的で，傾聴する懐疑論者であれ」『Fraud マガジン』第 2 号，6 頁（2008 年 1-2 月号）

視点 14：フォーレンジック（不正捜査）監査技法　　**173**

視点15：企業文化をいかに監査するか

企業文化の監査の性質

　取締役は，彼らが組織に期待する正しい企業文化が，実際に実務におい
て存在し，組織全体を通して浸透していることを確認する必要があります。
そして，企業文化を監査する者は，このニーズに応えるために保証を与え
ます。

　企業文化は無形価値ですので，その実態を把握し特定の規準に照らして
有効であるかを判断することは決して容易ではありません。企業文化の監
査においては，経営者が設定した企業文化・企業行動規範の内容，経営者
による企業文化の発信の手段と頻度，組織構成員による企業文化の解釈，
納得感，浸透度合い，および日々の行動様式への反映などに関する客観的
な証拠を入手する必要があります。

　集めた証拠は既存の企業文化に影響を受けたものですので，歪んだ企業
文化の影響を受けている証拠は必ずしも実態を反映したものと断定するこ
とはできません。したがって，企業文化の監査は慎重な判断と職業的懐疑
心と洞察力が要求されますので，豊富な監査経験と高いコミュニケーショ
ン能力が必要です。

　また，いくら立派な企業倫理や行動規範を形だけ文書化して備えたとし
ても，その本質を組織構成員が理解し，納得し，日々の行動に矛盾なく実

践されなければ企業価値を高めることはできません。企業文化の監査の主眼は，企業文化の整備より運用に主眼があります。

有形（ハード）よりも無形（ソフト）の監査証拠が多い企業文化の監査において，監査手法の主流はインタビューと観察です。英国公認内部監査人協会の調査結果は次の表の通りです。

▶ 行動様式と企業文化を監査する手段

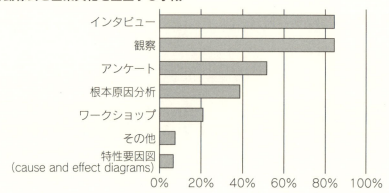

出所：Chartered Institute of Internal Auditors' "Organizational Culture – Evolving approaches to embedding and assurance" (May 2016)

企業文化の監査の着眼点

企業文化は企業構成員の道徳的行動（conduct）・自制行動（behavior）・価値（value）・倫理（ethic）に影響します。これら企業文化の構成要素はソフトコントロールとも呼ばれます。企業文化を監査する際には，これらソフトコントロールだけでなく，企業文化を強化するための正式ルールや活動であるハードコントロールも観察しなければなりません。

ソフトコントロールの具体例を示すと右表のようになります。

▶ ソフトコントロール

ソフトコントロールの対象	ソフトコントロールの具体例
・能力	適応力と学ぶ意欲
・信頼とオープンマインド	問題解決のためのチームワーク，サポート，依存
・強いリーダーシップ	方向性と例示による導き
・高い期待値	改善の努力と高い目標設定
・共有価値観	正しいことを正しい方法で実施する
・高い倫理規範	正直，対等・公平性，公正性

出所：Chartered Institute of Internal Auditors' "Organizational Culture - Evolving approaches to embedding and assurance"（May 2016）

　企業文化はこれらのソフトコントロールの運用に影響を及ぼします。不正のゼロ・トレランスを目指す企業文化が醸成されているかを監査する際には，①オープンコミュニケーションと②チャレンジ（異論を唱える）を実践し，外の組織構成員に受け入れられ，またこれらを推奨するための③インセンティブ（評価）システムが機能していることを確認する必要があります。

　組織の特定エリアにおける企業文化の監査結果は，組織全体の包括的な文化を反映しているわけではありません。最終的には，様々なエリアからの検査結果が集計されなければなりません。つまり，文化の監査はトップダウンとボトムアップの双方向のアプローチであり，継続的な評価，調整，および測定が必要となります。

　多くの企業が，The Committee of Sponsoring Organizations of the Treadway Commission（COSO），Internal Control - Integrated Framework を（以下，COSOフレームワーク）内部統制の規準として利用しています。企業文化はCOSOフレームワークにおける統制環境コンポーネントの基準1に関係します。すなわち，企業は誠実性と倫理的価値へのコミットメ

視点15：企業文化をいかに監査するか　**177**

ントを実証しなければなりません。そして，統制環境コンポーネントの基準2により，監査委員会は企業倫理，企業文化，企業行動規範の遵守の評価結果を文書として残すことが要求されます。

企業文化は企業の統制環境の一部と位置づけられますが，具体的な日々の企業行動規範としては，内部統制コンポーネントの他のコンポーネントとも密接な関係があり，特に目指すべき企業文化の本質を組織全体に浸透させ企業文化として真に醸成させるためには，内部統制コンポーネントの1つである「情報と伝達」の質が大きく影響します。

質が低い「情報と伝達」の例示として下記を挙げることができます。経営者の姿勢を伝達する際，中間管理職へカスケードする際など，特に留意が必要となります。

① 多すぎる情報

多すぎる情報を伝達しようとすることは，情報を受け取る側の処理能力に鑑みるに，無意味でありかつ有害です。最も重要なメッセージが大量の情報の海に埋没し，有用性は著しく損なわれます。例えば，100件の例外処理報告書が作成された場合，すべての起こりうる偶発事故に備える意図があったとしても，その報告書を誰もチェックしなければ意味がありません。

② タイミングの悪さ

ほとんどの情報はそれを必要とする人に適時に入手された時においてのみ有用性が認められます。管理者は正しい意思決定のため最新の情報を有していなければなりません。

③ 情報の入手可能性の問題点

あなたにとって価値のある情報が会社のイントラネットサイトの奥底に埋められていませんか。企業の構成員の全員がその情報に容易に

アクセスできますか。その情報は障害者法に準拠していますか。単に情報をインターネットから入手できるようにすることだけでは，情報を必要とする正当な人が情報を入手していることを保証するものではないかもしれません。

④　品質問題

　　共有された情報は意図された視聴者にとって理解することが難しい内容ではありませんか。共有した情報が受け取り側に深刻に受け取ってもらえないという形態上あるいは美観上の問題はありませんか。あなたが伝達しようとしている情報は真に正しいものですか。

⑤　門戸開放（Open-door）の方針を持つ管理職

　　門戸開放の方針を成し遂げるには，管理職は従業員が彼らの危惧を報復措置の恐れなく容易に伝達できる雰囲気を醸成しなければなりません。管理職は従業員に伝達した微妙なシグナルを十分に意識し，入手したメッセージにかかわらず，情報発信者に否定的な心情を持たないように注意しなければなりません。

経営者による企業文化の発信の手段と頻度

　企業文化に関して経営者からの積極的な発信は多いに越したことはありません。しかし，企業行動規範を文書化して社内イントラネットの奥底に格納したままでは，企業文化の組織醸成は図れません。始業と同時にネットワークから「この会社にとって正しい行動様式」に関する情報提供を行う，各種会議の開始時に企業倫理に関する確認を行う，経営者が参加する会議には自分の言葉であるべき企業文化について語る，などから正しい企業文化の醸成を後押しする継続的な啓蒙活動が大切なのです。

視点15：企業文化をいかに監査するか　**179**

一方，伝える内容には具体性が肝要です。一般的で汎用性のある行動規範は総論賛成でも実務での適用となるとそのままでは利用できません。実務現場の組織構成員は，日々，倫理に関わる苦悩と向き合っています。特定の地域や市場では，自社が求めている行動規範は他社の行動規範と異なるかもしれません。自分の帰属する会社は自分にどのような判断を求めているのか，具体的な指示がないと，倫理に関わることは自分の職責を超えていると無視するか，他社との競争力維持を正当化の理由にして都合のいいように企業文化や行動規範を解釈してしまいます。企業文化は，誰の監視がなくても常に企業の正しい行いを実践できる環境であるべきなのです。

　また，伝え方にはカスケードが必要です。会社組織の構成員は，トップのメッセージを咀嚼して行動するリスクは負わず，自身のパフォーマンスの評価者である直属の上司の指示を優先します。したがって，経営者からのメッセージは，矛盾のないわかりやすい内容で中間管理職に正確に伝達する必要があります。

組織構成員による企業文化の解釈と人事評価制度

　企業文化は，始動はトップダウンであっても，組織全体を通しての醸成には組織構成員のコンセンサスが必要です。すなわち，公正性と公平性により担保された納得感を得ることが肝要です。実務現場の組織構成員は，日々，倫理に関わる苦悩と向き合っています。企業行動規範の内容が，仮に具体的であったとしても，実務現場では受け入れがたい状況に直面することもあるでしょう。例えば，指示された行動規範に従っていると営業努力が報われず利益が獲得できない時はなおさらです。会社の行動規範に従うことができないのであれば，他社へ転職してもらう不退転の決意と覚悟

が必要です。経営トップは綺麗事だけ言っていて，実際の現場オペレーションは建前と本音を使い分けて適当にやってくれという雰囲気では，正しい文化に対するコンセンサスは得られません。企業行動規範に則った結果であれば，例え他社との競争に負けても叱責されない人事評価制度も必要です。

組織構成員への浸透度合いと日々の行動様式への反映

　正しい企業文化の組織全体を通しての浸透度合を確認する手段として定期的なアンケート調査が有効です。無記名式であれば，既存の企業文化の影響をあまり受けることがなく，各人がコミュニティや組織で育成された規範性や自制心を規準にして回答してくれるからです。また，期待通りの調査結果でない場合は，企業文化の伝達の方法を改める必要があります。持続的に企業文化を成長させていくためにも，当該アンケート調査は継続的に実施すべきであり，かつ，目標とすべき浸透度合いについてあらかじめ定量化しておくべきです。

　また，日々の行動様式における正しい企業文化の反映度合いについても，注意深く観察する必要があります。平時において企業文化が問題となることはあまりありません。有事において，誰の監視下になくとも，属人的で身勝手な価値観ではなく，組織構成員が例外なく全員が，企業が設定した行動規範と企業価値の本質に鑑みて恥ずかしくない行動をとることができているかどうかが問題です。したがって，実際に発生した企業文化が問題視される案件について，その根本原因分析を行うことが先決です。そのうえで，オープンでチャレンジを推奨する文化を阻害している要因を具体的に特定し，正しい企業文化の啓蒙活動やワークショップにおいてフィード

視点15：企業文化をいかに監査するか　**181**

バックする必要があります。これにより，企業文化の持続的啓蒙と進化において，PDCAサイクルが機能することになるのです。

視点 15 のまとめ

　監査とは，特定の規準（クライテリア）に照らして，特定の業務がそれに準拠しているかどうかについて仮説をたてて証拠を集め，その証拠に基づいて，監査対象の規準準拠性に対して保証を与えることです。その保証のレベルは求められる監査の基準によってことなりますが，絶対的な保証を与えることは実務的ではなく，費用対効果を考量した合理的なレベルの保証を与えます。

　しかし，企業文化の監査といった場合，企業文化が準拠すべき規範を準備し，その準拠性に対する保証を与えることを意図しているわけではありません。

　企業文化は内部統制の構成要素の1つである統制環境の要です。企業人としての正しい判断能力と自制心を教育するために整備した企業倫理や行動規範を組織末端まで醸成させるための雰囲気であり長く受け継がせるための伝統でもあります。

　監査の実施者や監査の対象によって様々な監査が存在しますが，いずれの監査においても統制環境の整備レベルの確認は最優先タスクです。それぞれの監査目的における保証意見の形成において，統制環境は監査対象とされていますが，統制環境の構成要素である企業文化については放置されがちです。企業文化は，組織風土の理解のためだけではなく，保証意見の形成に対して影響を与えうる重要な監査対象と位置付けるべきです。

参考文献

AAA "Trust and Professional Skepticism in the Relationship between Auditors and Clients: Overcoming the Dichotomy," *BEHAVIORAL RESEARCH IN ACCOUNTING*, Vol.29, No.1 (Spring 2017)

Chartered Institute of Internal Auditors "Organizational Culture - Evolving approaches to embedding and assurance" (May 2016)

COSO "Leveraging COSO across the three lines of defense by The Institute of Internal Auditors, Research commissioned by COSO" (July 2015)

COSO "Enterprise Risk Management – Integrating with Strategy and Performance" (June 2017)

Forbes "Culture: The Most Overlooked Element of Audit" (September 29, 2014)

FSB "Guidance on Supervisory Interaction with Financial Institutions on Risk Culture - A Framework for Assessing Risk Culture" (April 7, 2014)

G30 "Banking Conduct and Culture: A Call for Sustained and Comprehensive Reform" (July 2015)

IIA "More than just setting the tone: a look at organizational culture," *Tone at the Top* (February 2016)

IIA "International Standards for the Professional Practice of Internal Auditing" (January 1, 2017)〔日本内部監査協会訳「内部監査の専門職的実施の国際基準」(2017 年 1 月 1 日)〕

Janser, M.J. "CIVILIAN RESEARCH PROJECT / COGNITIVE BIASES IN MILITARY DECISION MAKING," United States Army, USAWC CLASS OF 2007 (June 14, 2007)

LRN "2013 Ethics & Compliance Leadership Survey Report" (June 26, 2013)

The SEC Advisory Committee "Final Report of the SEC Advisory Committee on Improvements to Financial *Reporting* to the UNITED STATES SECURITIES and EXCHANGE COMMISSION" p.95 (August 1, 2008)

Transparency International "Corruption Perceptions Index 2016" (January 25, 2017)

稲垣浩二『不正会計防止プログラム』183-190 頁, 税務研究会出版局 (2008 年)

エリオット・スピッツァー「『ガバナンスの改革の騎士』が語る信認の堕落」『Diamond Harvard Business Review』(2004 年 12 月号)

企業会計審議会「監査における不正リスク対応基準の設定に関する意見書」

（2013 年 3 月 26 日）

経済産業省「持続的成長への競争力とインセンティブ～企業と投資家の望ましい関係構築～」プロジェクト（座長：伊藤邦雄　一橋大学大学院商学研究科教授）（2014 年 8 月 6 日）

ダニエル・カーネマン著，友野典夫監訳，山内あゆ子訳『ダニエル・カーネマン　心理と経済を語る』楽工社（2011 年）

ダン・アリエリー「合理的経済学の終焉」『Diamond Harvard Business Review』（2009 年 11 月号）

東京証券取引所「コーポレートガバナンス・コード」コーポレートガバナンス・コード基本原則 4（2015 年 6 月 1 日）

東京商工会議所「企業行動規範（第 2 版）」（2007 年 4 月）

日本監査役協会「会計監査人との連携に関する実務指針」（2014 年 4 月 10 日）

日本公認会計士協会国際委員会訳 国際監査基準（ISA）240「財務諸表監査における不正に関する監査人の責任」（2007 年 9 月）

日本公認不正検査士協会「企業文化と不正の相関（ACFE クッキングブック／財務諸表不正の多様な手口の解説）」『FRAUD マガジン』第 48 号，29 頁（2016 年 1-2 月号）

日本公認不正検査士協会「歩き，話し，見て，聞くことで真相を突き止めよ　動き回り，外向的で，傾聴する懐疑論者であれ」『Fraud マガジン』第 2 号，6 頁（2008 年 1-2 月号）

日本公認不正検査士協会「2016 年度版　職業上の不正と濫用に関する国民への報告書」（2016 年）

日本公認不正検査士協会「2015 年不正検査士マニュアル日本語版」（2015 年）

日本公認不正検査士協会「COSO - 不正リスク管理指針　エグゼクティブ・サマリー」（2016 年 10 月）

日本内部監査協会「COSO—ガバナンスと内部統制　3 つのディフェンスライン全体での COSO の活用」『月刊監査研究』第 503 号，p.39（2015 年 10 月）

日本内部監査協会「内部監査の定義」

日本弁護士連合会「社外取締役ガイドライン」（2015 年 3 月 19 日改訂）

ロブ・イースタウェイ，ジェレミー・ウィンダム著，水谷淳訳『数学で身につける柔らかい思考力』ダイヤモンド社（2003 年）

ローマン・L・ワイル「SOX 法以後，大半の監査委員会が強化　財務リテラシーが不正会計を防ぐ」『Diamond Harvard Business Review』85 頁（2005 年 10 月号）

【著者紹介】

稲垣浩二 (いながきこうじ)

有限責任監査法人トーマツ　パートナー
公認会計士，公認不正検査士，公認内部監査人

1962年富山県生まれ。1985年中央大学商学部会計学科卒業。1984年デロイト・ハスキンズ・アンド・セルズ東京事務所入所（後に合併により監査法人トーマツとなる）。1996年米国デロイト・アンド・トウシュのニューヨーク事務所に赴任。2000年日本に帰任後，2013年執行役（グローバル監査推進担当）に就任。2015年に執行役退任後，2015年ボードメンバーに就任し，現在に至る。

［著書］
『不正会計防止プログラム』税務研究会出版局（2008年）

平成30年5月10日　　初版発行　　　　　　　　略称：企業文化監査

「企業文化」の監査プログラム
―より良い企業文化が不正抑止環境をつくる―

著　者　稲　垣　浩　二

発行者　中　島　治　久

発行所　同 文 舘 出 版 株 式 会 社
東京都千代田区神田神保町 1-41　　〒101-0051
営業 (03) 3294-1801　　編集 (03) 3294-1803
振替 00100-8-42935　http://www.dobunkan.co.jp

© 2018 K. INAGAKI　　　　　　　　DTP：マーリンクレイン
All Rights Reserved.　　　　　　　印刷・製本：三美印刷
Printed in Japan

ISBN978-4-495-20731-1

JCOPY〈出版者著作権管理機構 委託出版物〉
本書の無断複製は著作権法上での例外を除き禁じられています。複製される場合は，そのつど事前に，出版者著作権管理機構（電話 03-3513-6969，FAX 03-3513-6979, e-mail: info@jcopy.or.jp）の許諾を得てください。